亲爱的，让我们再一次心动

相爱一辈子的10种语言

〔美〕哈维尔·亨德里克斯（Harville Hendrix）
海伦·拉凯莉·亨特（Helen LaKelly Hunt）◎著
〔美〕伊丽莎白·佩里莎（Elizabeth Perrachione）◎图
于素芳 ◎译

新世界出版社
NEW WORLD PRESS

图书在版编目（CIP）数据

亲爱的，让我们再一次心动 /（美）亨德里克斯，（美）亨特著；（美）佩里莎图；于素芳译．—北京：新世界出版社，2014.2

ISBN 978-7-5104-4924-6

Ⅰ.①亲… Ⅱ.①亨… ②亨…③佩…④于… Ⅲ.①婚姻－通俗读物 Ⅳ.①C913.13－49

中国版本图书馆CIP 数据核字（2014）第025132 号

北京版权保护中心引进书版权合同登记 01-2014-0784

亲爱的，让我们再一次心动

作　　者：（美）哈维尔·亨德里克斯　海伦·拉凯莉·亨特　伊丽莎白·佩里莎
译　　者：于素芳
策　　划：中资海派
执行策划：黄　河　桂　林
责任编辑：刘丽刚
特约编辑：桂凤英　戴圆圆
责任印制：李一鸣　邱燕娴
出版发行：新世界出版社
社　　址：北京西城区百万庄大街24号（100037）
发行部：（010）6899 5968　（010）6899 8733（传真）
总编室：（010）6899 5424　（010）6832 6679（传真）
http：//www.nwp.cn
http：//www.newworld-press.com
版 权 部：+8610 6899 6306
版权部电子信箱：frank@nwp.com.cn
印刷：深圳市彩美印刷有限公司
经销：新华书店
开本：787mm × 1092mm　1/16
字数：168千　**印张**：14
版次：2014年5月第1版　2014年5月第1次印刷
书号：ISBN 978-7-5104-4924-6
定价：29.80 元

有了爱，世界是多么甜美！

这两位新人找到了彼此，我们是多么欣慰！

但愿我们所有人都记住，

当我们渴望幸福时，有时也会遭遇麻烦和绝望；

但愿我们所有人都记住，

最大的痛苦往往在为无上的快乐做准备；

但愿我们所有人都记住，

爱可以承受一切。

致中国读者信

To all our Chinese Readers

We are honored you are reading our book.
We hope it will help you create the relationship of your dreams.

All the best

Harville Hendrix &

Helen LaKelly Hunt

亲爱的中国读者：

这本书能被大家看到，我们感到十分荣幸，希望它能帮助你们获得梦寐以求的两性关系。

致以最诚挚的祝福！

哈维尔·亨德里克斯＆海伦·拉凯莉·亨特

权威推荐

幸福婚恋专家 陈保才

这是一本疗愈之书，也是一本行动之书，我非常同意哈维尔夫妇的观点，内心没有得到疗愈是无法获得幸福婚姻的。这本书就像一盏明灯，能够照亮我们心底的那块创伤，帮助我们在婚姻中彼此疗愈，重新赢回逝去的真爱。

《女人坊》杂志主编 伊 洋

生活中常常听到这样的故事：历经千辛终成眷属的情侣，结婚没几年却争吵不断，最后甚至上演离婚大战。他们赢了爱情，却输给了婚姻。可见学会经营婚姻是件多么重要的事情。

《HERS 都市主妇》杂志社首席编辑 裴敦营

幸福没有终点，但路上有仓皇，有时我们走着走着就忘记了为什么出发。停下来，重拾初念，爱得越久越浓烈。再一次心动，就在今天。

脱口秀女王　奥普拉

《亲爱的，让我们再一次心动》让我意识到，原来我们都将童年经历带入了亲密关系中，而亲密关系的存在就是为了治愈我们的童年创伤，这是我们步入婚姻的关键。

美国“婚姻教皇”、畅销书《获得幸福婚姻的7法则》作者 约翰·戈特曼

每一对新娘和新郎的礼物篮中都应该有这本《亲爱的，让我们再一次心动》。哈维尔和海伦创造出了一种所有婚姻都需要的快乐、简单易行的方法，他将切实可行的建议和非常具体的实施步骤完美地结合起来，这本书可以帮助任何一对夫妇保持持久而亲密的两性关系。现在就请打开这本书吧！

超个人心理学大师、“意识研究领域的爱因斯坦” 肯·威尔伯

对已婚夫妇来说，这是一本非常实用、很有帮助且效果显著的指导手册，不仅如此，它对所有的人际关系也具有同样的指导意义。哈维尔和海伦表达流畅、见解深刻，引领我们认识两性关系中最主要的困境，并教给我们克服困境的具体技巧和练习，从而全方位地让我们的婚姻更加深刻稳固，充满更多的爱，也更值得拥有！向所有处于任何关系中的人强烈推荐此书！

美国“陶匠之家”教堂主教、畅销书《重新定位你自己》作者 T.D. 杰克斯

《亲爱的，让我们再一次心动》显示了哈维尔博士和海伦对婚姻本质的深刻理解。我很高兴这对强有力的组合在这本杰作中慷慨地与大众读者分享了他们的智慧和见解。所有重视自

己婚姻的夫妇们都应该阅读本书。本书就像两个技艺高超、训练有素、颇有直觉力的熟练技工为一部配备精良的小汽车所写的使用说明书，里面详细介绍了维护、保养与终极享乐的各种秘诀。

加拿大摇滚女星　艾拉妮丝·莫莉塞特

哈维尔和海伦把他们几十年来一直倡导的最受欢迎的两性理念浓缩进一本书里，这让我十分激动。他们是真正的专家，教给我们的方法清楚明了、有趣并深具启发性。这些方法的运用不仅有助于促成亲密的婚姻关系，还会给你人生中的各种人际关系带来巨大收益。

《出版商周刊》

《亲爱的，让我们再一次心动》是一本通俗易懂的婚姻手册，它能帮你创造并维系书中所谓的“伴侣婚姻”。随处可见的卡通伴侣情景对话图与作者对不同性格类型的有趣定义（比如“乌龟”和“冰雹”）也为本书增色了不少。

本书提倡婚姻中的两个人都要帮助对方重温并治愈彼此的童年创伤。作者夫妇聚焦于日常伴侣生活中的关爱、倾听及消除否定，并借此创造了一套通往梦想婚姻的可行方法。在书中明确而系统的方法指导下，你将掌握现代婚姻的经营之道。

引　言

加入我们，你的婚姻终将幸福美满

我们相信，你选择这本《亲爱的，让我们再一次心动》，是为了让你的婚姻变得更美好。婚姻以爱情为基础，由此而产生家庭，而家庭是心灵的港湾。婚姻也是一件美好的事情，是维系两个相爱的人的一种良好形式。

请放心，本书绝对能够很好地帮到你。在本书中，我们不仅整合了自创的意识婚姻治疗理念，还特别加入了处理两性关系的妙招。

我们的目的是，用短小精悍的章节来分享我们的所得。我们在书中所提供的信息和所描述的过程将引领你从冲突走向沟通，进而走向真正的、持久的爱。

不仅如此，你还将学会创建一种新型的婚姻，并受邀加入我们所秉信的婚姻革命！为了解释书中的观点，不妨先让我们短暂地回顾一下婚姻的历史。

浪漫婚姻，从漫长岁月中走来

爱情如人类一般古老，然而，婚姻制度的出现则要晚许多，与爱情相关的婚姻则出现得更晚。为了大致了解婚姻的演变，我们将把复杂的历史分成截然不同的3部分：

1. 在史前时期，我们以打猎和采集为生的祖先们逐渐形成基本稳定的“结对关系”，分享彼此的食物和住处。结对关系降低了被锋牙利爪的老虎叼走以及食物不足时挨饿的风险。成功且富有成效的结对关系意味着拥有比游散人群更大的存活机会。

2. 约1.1万年前，祖先们定居下来，开始农耕。“财产”的概念就是在这时形成的，起初是土地，最后女人(很不幸的事情)、孩子和奴隶也成了财产。于是人们尝

试建立一种约定，以此保护所拥有的财产，并努力使自己的财产变得越来越多。这就是最早的婚姻，这种婚姻通常由父母安排，是没有爱情可言的。

3. 到了18世纪，浪漫婚姻出现了。在这个阶段，婚姻摆脱了男权社会里种种道德的限制，成为了个人的选择。人们带着被社会认可的诸多需要走进婚姻殿堂，可是随之而来的问题却是，人们没有婚姻经营手册，那时候离自救运动还有很长一段路要走呢。新婚夫妇们无从确定自己的需要，也不知道如何寻求自己想要的东西。于是，婚姻生活就出现了冲突。在20世纪70年代，美国离婚率已经达到了50%，且过去的40年中一直维持在这个水平。

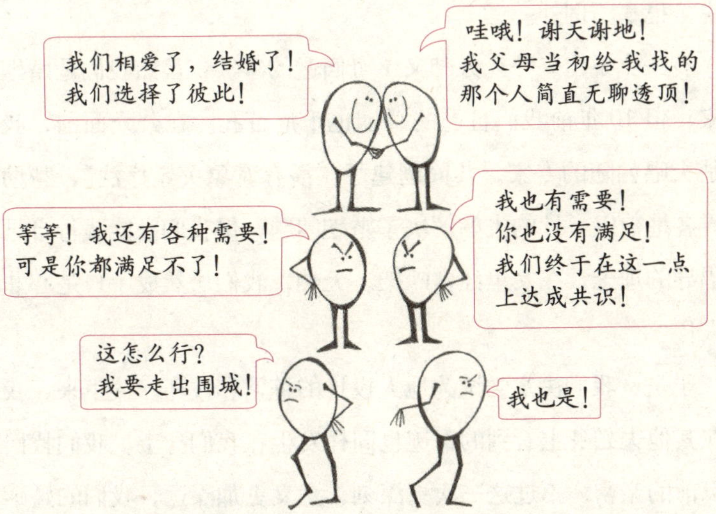

传统包办婚姻可以看作是一种统治——服从型婚姻，在浪漫婚姻中，传统婚姻的男女不平等现象却被遗留了下来。随着文明

的发展，女性所拥有的机会越多，服从就变得越难以接受，因此婚姻受到威胁的可能性就越大。婚姻双方都想处于统治地位，心里都想着："我们是一家人，我才是一家之主！"然而，面对危机，他们却忘了随身携带一本手册。

有一种婚姻，绝对让你向往

在漫长的婚姻演变中，接下来就是我们这几十年来一直致力于帮助广大夫妇构建的伴侣婚姻。在这种婚姻关系中，双方都是自由平等的，他们会有意识地促进彼此心理和精神的成长，从而享受人与人之间终极的情感交融。

作为有着几十年经验的婚姻专家，我们可以肯定地告诉你：创建这种婚姻模式具有挑战性。即便是对于结婚 30 多年的我们来说，也毫不例外。

有一个说出来吓死人却又不可回避的事实：虽然我们是婚姻专家，但 10 年前我们自己的婚姻也千疮百孔。在公众面前，我们是夫唱妇随的专家，共同创建了"潜存意象关系疗法"，帮助世界各地数以万计的夫妇解决了婚姻问题，但我们没能践行自己所倡导的理念，在家里经常吵架。天呐，我们居然成了口是心非的人！

于是，我们决定尝试为他人设计的练习和技巧。接下来，我们在其他夫妇身上看到的奇迹也同样发生在我们身上。我们找回了以前的亲密，不过这一次更深刻，意义更加深远，我们的婚姻终于长成了我们梦想中的样子。

我们保证，任何人都有能力创建这种婚姻，这本书将助你一臂之力。此时，你正站在勇敢迈进下一个婚姻阶段的门槛上，而这种婚姻将对你个人乃至整个世界都产生深远的影响。只有在此刻，你才有实现伴侣婚姻的可能性。我们相信，如果你认真践行书中所列的方法，你就能创建出你梦想中的婚姻，你也将成为加入婚姻革命的广大夫妇中的一分子！

导　读

美好婚姻，从每天练习开始

本书每一章都是一种有关幸福婚姻的语言，这是在我们几十年与已婚夫妇打交道的过程中发现并提炼出来的真理。我们还设计了简单的小练习，帮助大家把掌握的方法付诸实践。在本书的末尾，我们将把所有练习整合到一起，形成一套完整的训练计划。

转变婚姻需要你付出努力，可能有时候你很快就能感觉到效果，有时候却又感觉一点进步都没有，重要的是，你要坚持下去。当你的婚姻出现问题时，你每天都要抽出时间做本书中的练习。如果你想让婚姻更幸福，甚至有必要设计适合自己每天做的练习。

如果你听到这些，一点儿都不激动，甚至还翻起了白眼，我们也完全理解。我们知道，当你在找另一半时就已经花费了大量的时间和精力，你甚至可能认为一旦说了“我愿意”，就可以一劳永逸，再也不需要付出努力了。而且在最重要的人际关系上花费时间，想想就很奇怪，甚至让人泄气。在婚姻出现问题的时候，这种感觉尤其突出。

在我们第一次着力进行婚姻康复训练的时候，我们的婚姻状况一团糟。理论上我们对婚姻知之不少，却不知道如何践行我们所创造的理论。当我们意见不一致时，谁都不肯让步。为了申明自己的观点，我们互相剖析和指责。如果你在字典上看到过“犟驴”这种词语，就能想象到我们的样子了！有时候，我们会非常生气，最不愿做的事情就是每天晚上待在一起做练习！

后来我们居然惊喜地发现，原来开始着手练习并没有我们想的那么艰难。每天晚上我们都感觉比前一天晚上好。似乎突然之间，我们就经历了一个巨大的转变：我们终于喜欢和对方在一起了！这么长时间以来破天荒第一次啊！

通过崭新的方式了解对方如同肌肉锻炼一样，都需要付出大量努力，而且需要每天坚持。或许一开始你需要先把本书通读一遍，你也可以先做本书附录中相对应的练习，那里留有空白，方便记下你的所想和所思。当然，我们也欢迎你准备一个笔记本或者活页，把自己所做的一切都记录下来。你甚至可以买两本，毕竟，我们可不想让你和另一半因为谁在什么时候看这本书而起争端！

需要治疗的婚姻僵局

我们还建议你把这本书看几遍，并反复做后面的练习。你可以从头开始做，也可以选择适合你当下情况的章节进行练习。我们之所以强调你必须坚持练习，是因为每做一次，你都会学到新的东西，并拥有真爱，继而共同创建梦想中的婚姻。

不过，你别焦虑，这个过程可不是令人筋疲力尽的马拉松。你只需每天晚上抽出 10~20 分钟与你的伴侣一起阅读一章，接着翻到附录部分做对应章节的练习，这样你就会获得巨大的回报。

你甚至可以好几天都做同一章的练习，而没有必要一个晚上做完一章，选择适合你的速度就好。

婚姻是由你和伴侣共同创建的，所以只有在你们双方都致力于创建美好婚姻时，本书中的诸多想法和练习才能产生最好的效果。不过，如果对方不愿参与也不要气馁，你一个人也可以改变婚姻的状态。因此，如果此时你对本书感兴趣而你的伴侣不感兴趣，我们最想对你说："请不要放弃！"

目录

CONTENTS

Make Marriage Simple

幸福语言 1

浪漫爱情固然美丽，婚姻更是妙不可言

海 伦

恋爱时，你们是否总有说不完的话，发不完的短信，整天都想泡在一起？步入婚姻殿堂，你们是否曾幸福地说着“我愿意”，并开始幻想童话故事的浪漫结局？

然而，浪漫爱情终将褪去，取而代之的则是没完没了的批评和抨击，难道婚姻真是爱情的坟墓？其实，你潜意识选择的伴侣可能正是你父母的翻版，而婚姻也有着非凡的意义：治愈我们的童年创伤。

爱情，一开始总是那么美

我们简直就是来自两个世界，可坠入爱河时我们却有那么多的相似之处：我们都已经离婚，都有两个孩子，都痴迷于心理学，都喜欢烧烤……就连理想的度假方式我们也有着完全相同的看法：开着租来的娱乐车，拉着我们新组合起来的家人玩遍美国。我们是何等的志趣相投！我甚至想不到我们还有什么没想到一块儿的地方。

啊，初绽的爱情花蕾绚烂无比！坠入爱河，你会突然间感到爱意无处不在。你们的眼光总能相遇，哪怕在人头攒动的房间里也是如此，接着，心跳开始加速，浪漫的童话故事就此拉开序幕：芬芳的鲜花，饱含深情的眼神，共享的晚餐，欢快的笑声，晚霞中悠闲的散步，以及送给彼此的饱含爱意的小礼物。你会热切地期盼着再次见面的情形，也许你们会看场电影，也许只是泡在一起，说着无尽的甜言蜜语。

你们两个人都会说："我觉得我上辈子就认识你……"从某些方面来说，确实如此。眼前的这个人同小时候照顾你的人有着很相似的地方。

不过，并非每个人都会有这种强烈的"坠入爱河"的感觉。对有的人来说，爱情是一种渐进的过程，从相爱的那一刻起，你们就会开始为彼此牵肠挂肚，难舍难分。不在一起时，你们会不停地互发短信，互打电话。在一起时，你们似乎知道对方心里在想什么，甚至能说出对方想说的话。你们完全知道对方想要什么，因为那也正是自己想要的！

在爱情的浪漫阶段，情侣们展现出彼此最美好的一面。两人在个人形象上花费大量心思，谁也不会当着对方的面打嗝，双方的屋子永远都是整洁的。就这样，在不知不觉中，你们已经深陷爱河。

浪漫的爱情似乎就是一种神秘的吸引：你们时时刻刻都能感受到绝对的幸福！

我的 TA 怎么就像变了一个人？

不幸的是，这种沉浸在云端里的幸福感很难持久。

浪漫爱情使得两个人最终结合在一起，继而又抽身离去，化作西天的云彩。似乎就在一夜之间，你梦寐以求的婚姻成了最恐怖的噩梦。

浪漫爱情抽身离去，化作西天的云彩

在你欢我爱的浪漫爱情中，你做什么都错不了。可一旦浪漫褪去，你就会突然感觉做什么都对不了。那个曾经最追捧你的人现在成了最犀利的抨击者，且招招击中命脉，爱慕渐渐被唠叨取而代之，让人不禁嘀咕：“跟我结婚的这个人到底是谁？我们曾经是那么的琴瑟和鸣，凡事都有一致的看法，现在的 Ta 怎么会那样想，那样做，说那样的话？简直就像换了一个人。”每每想到这些，内心深处就不由得翻江倒海。

突然从情投意合的迷人梦幻中惊醒过来，人们很难保持冷静。于是，很多夫妇因急于结束浪漫爱情所留下的痛苦和失望而走上了离婚的道路，另外一些人即使选择继续生活在一起，也只是因为不想面对令人头皮发麻的离婚过程而已。他们过着井水不犯河水的生活，根本没有任何真正意义上的沟通，他们以为婚姻就是这样，心底却会不时冒出这样的念头：肯定出什么大问题了。

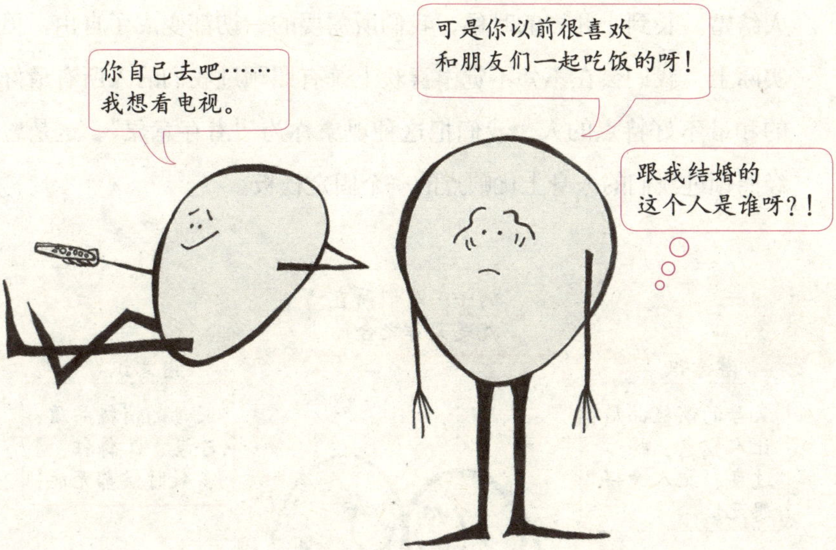

这就是跟我结婚的人吗？肯定出什么大问题了

美好背后的真相

我向你保证，其实什么问题都没有，因为浪漫爱情只是婚姻的第一个阶段，是注定要逝去的。

浪漫爱情有着强大的力量，它会让你喜欢上有照顾过你的人的消极或积极特质，这些人包括在你小的时候所有照顾过你的人，如父母，哥哥姐姐，祖父母或保姆。第一次见到你爱的人时，你会觉得上辈子就认识，可能就是因为他有着你父母的积极特质。可惜，他同样也有着你父母的消极特质，因而最终会让你感到失望和烦恼。这就是为什么痛苦会取代最初的幸福，也是为什么恋情会变得如此令人痛苦和艰难。

哇！爱人竟然是兼有父母特质的人！乍一想，还真有点让人难以接受。我们爱父母，五六岁的时候我们就曾想过要和他们这样的人结婚。长到十几岁的时候，我们所需要的一切都变成了自由，但实际上，我们会在不知不觉中喜欢上兼有照顾过我们的人所有最好的和最不好特点的人，我们把这种现象称为“潜存意象”。这是曾经照顾过我们的人身上优缺点的一个固定模板。

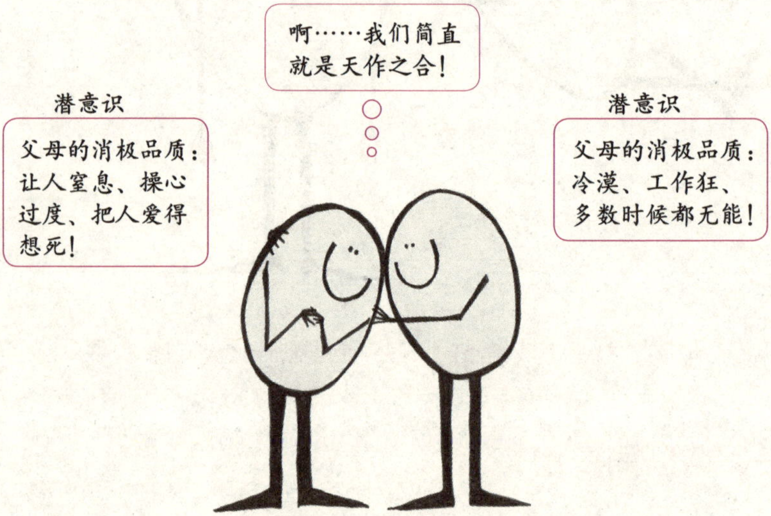

美好背后的真相

如果你正在看这本书，心里思忖着“不对，我的爱人和我的父母之间毫无共同之处”，那么请听我们说：你的爱人也许长得不像你父母，而且从表面上看他和你父母的做事风格也不尽相同，但你最终会产生一种与你小时候和父母在一起时一样的感觉。这种感觉包括归属感和爱，当然，也包括一些需要没有得到满足时产生的不快。

我们将童年时期一些需要没有得到满足的现象称为“童年创伤”。长大后，人们会对小时候没有得到的东西变得很敏感，我们的潜意识就这样形成了。因此，治愈这种创伤的唯一办法就是找到一位和照顾过我们的人相似的人，让这个人学会如何给予我们在童年时需要却没有得到满足的东西。

恋情原来如此，真是让人扫兴。不过，基于这样一种预设而出现的恋情却有着令人惊叹的作用：治愈彼此的童年创伤。

尽管放心，我们讨论童年创伤并非要指责任何人的父母，毕竟人无完人。从我们的 6 个孩子中随便找一个来问，他们毫无疑问地会告诉你我们当然不完美！即使是做得很好的父母，也有马失前蹄的时候。换句话说，为人父母很难做到完美。

因此，无论你的父母多糟糕，还是已经做得很好，大体上都可以分成两类：第一类是过度干预的父母，他们让你有受控感和窒息感。

第二类就是对你关心不够的父母，他们让你有被抛弃感。

小时候，家人对我的期望让我很窒息。父母要求我对所有人都要做到有礼有节，体贴入微，从来不管我心里是什么感受。我在南部出生，在南部长大，我的生长环境要求我成为一个优雅的南方淑女，要懂得取悦他人。他们甚至还教我行严格的屈膝礼，是来真格的那种，他们就希望我这样对人。我放学回家总是很难见到妈妈，她常常忙着在医院里做志愿者。家里人都希望我将来能像她一样，将大部分的业余时间都用来做志愿工作。

现在，让我们将镜头快进到我的婚姻。也许你会认为我是一个完美的妻子，在各个方面都对丈夫照顾有加……而实际情况却是：既对又不对。

我们结婚的时候，我发誓要成为哈维尔最好的妻子。我全身心投入，对他生活的方方面面都非常上心，并为此自豪。我甚至觉得，我比他自己都要了解他（噢，天呐！有这种想法就得小心了）。

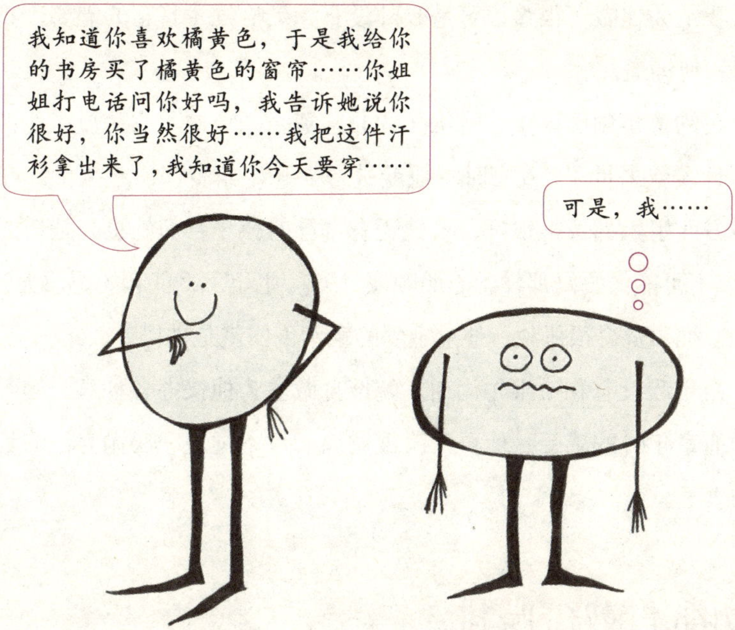

当朋友们问哈维尔问题时，我都会很自豪地插进来替他回答。给他准备早餐和晚餐时，我从来不问他想吃什么，我完全不用问，因为我都知道，我的感觉好极了。他喜欢《星际迷航》，于是我一次又一次出其不意地给他买来《星际迷航》的水杯和浴巾，我知道他会喜欢的。我对哈维尔的关心事无巨细，无论你想了解他哪一点，只管问我就行了。

我这样对待哈维尔，甚至觉得他应该为娶我感到幸运。结果有一天，他却做出了令我完全意想不到的事情：冲我怒吼！我从来没有见过他那么生气。我震惊了，感觉受到了伤害，心里怎么都想不明白：为他做了这么多事，他怎么就毫不领情呢？结果等我们都平静下来之后，哈维尔解释说，我是做了很多努力，可我从来都没有问过他真正想要什么。他的话让我目瞪口呆：我一直以为自己什么都知道，可是哈维尔却有完全不同的感受。

我是为他做了很多，可是我却没有满足哈维尔真正的需要，我没有和他沟通。

我的童年创伤模式和哈维尔的非常契合。哈维尔的父母在他很小的时候就去世了，6 岁时，他就被送去和姐姐罗莎一起生活。在很多方面姐姐都做得很好，可她还有自己的孩子，而她也只是他的姐姐，不可能像妈妈那样悉心照顾他，毕竟，姐姐怎么能和妈妈比呢？结果哈维尔觉得很孤独，他最主要的童年创伤就是被抛弃。

由于我没有和哈维尔沟通，就擅自做主为他操办各种事，这勾起了他童年时的感受。他再一次被抛弃了，不过这一次抛弃他的是他的妻子。

一切都是最好的安排

我们的童年创伤如此契合，这并非是阴差阳错。请记住，当浪漫爱情降临之时，你喜欢的那个人恰恰就能让你重温和过去照顾你的人在一起时的感觉。

因此，是你的潜意识选择了你的伴侣。你在潜意识里懂得，作为成人，要想治愈童年创伤，就必须再次去感受这些痛苦。婚姻给了你再现童年创伤和回忆的机会，不过却有着更加快乐的结果。作为成人，你拥有力量，你可以和爱人共同努力，使双方的需要都得到满足。

也许所有这一切看起来都有些乱糟糟，但结成伴侣就是为了让彼此童年时的感受再现，这意味着在婚姻中被激起的大多数烦恼都与我们的过去有关。这一点千真万确！你的伴侣和你在一起产生的烦恼中大约有 90% 与他童年的经历有关，也就是说，只有 10% 是和现在的你们有关。听我这么说，感觉是不是好一些？

爱情的浪漫使我们投向一个人热情的怀抱，然而也正是这个人，最终引发当年我们和父母在一起时的烦恼。不同的是，在这一过程

中我们有可能获得美好的结果：让我们的童年创伤浮出水面，得到治愈。

不过，你可别以为有了这种治愈潜能，婚姻一下子就会好起来。虽然从长远看，你的婚姻的确会好起来，但首先你要做一些富有挑战性的练习。

练习1：过去与现在

1. 制作两份列表

(1) 把你记忆中和照顾你的人在一起时的烦恼写下来，这些烦恼可以是具体的事情，也可以是大致的经历（提示：这些人包括所有曾经照顾过你的人，包括父母、哥哥姐姐、亲戚，或者保姆）。

(2) 把你和伴侣之间产生的烦恼以及你心里的想法列出来。要尽可能地多列一些，小到烦心琐事，大到真正让你生气的事情。

(3) 对比两份列表，记下相似之处。

2. 同伴侣一起探讨

同你的伴侣深入讨论两份列表中相似的地方。在共享的过程中，你会注意到你们彼此之间生出了好奇心。要知道，好奇和烦恼不会同时出现。在后面的练习7中，你还将学会如何把与伴侣之间产生的富有挑战性的烦恼转化为具体要求，获得成长，从而使你们的关系得到愈合。

切记：我们和伴侣之间产生的烦恼中大约有90%与我们的童年经历有关，只有10%是和现在的你们有关。

Make Marriage Simple

幸福语言2

你与爱人越相反，你们的婚姻越美满

哈维尔

你是否很享受随心所欲，而TA却总想控制一切？你是否总想找个人说话，而TA却总想找个山洞静静待着？难道你注定要爱上与你截然相反的人？

浪漫爱情过后，权力斗争开始上演：“为什么你从不考虑我的感受？”“为什么你总是对我不满意？”其实，正是因为不和谐，我们才需要婚姻，宇宙也早已为我们设计了最完美的计划：互相学习，帮助彼此成为更好的人。

不和谐，才是幸福婚姻的基础

婚姻之旅为何如此艰难，如此具有挑战性？一方面是因为跟你结婚的这个人像你的父母，另一方面是因为你们两人之间本就不和谐。宛如冥冥之中宇宙都为我们设计好了，而我们的不和谐正是其中最关键的一环。在下文中你将了解到，夫妻之间的不和谐在满足彼此的需求上恰恰起着至关重要的作用。

所以我们要说，不和谐，才是婚姻的基础，而且，说实话，和谐才是枯燥乏味的开始。

我们总是看到，人们都希望爱上的人和自己很像，可实际上，我们喜欢上的人在某些方面却是和我们截然相反的人。这也说明浪漫爱情为什么需要强大的吸引力，因为如果没有吸引力，我们一眼就能看到彼此不和谐的真相，继而就会丢掉爱情，尖叫着落荒而逃。

海伦和我就是截然不同的两个人。我在乔治亚州的一个乡下农场长大，她在达拉斯市的一栋俯视湖面的豪宅中长大。我一贫如洗，她却富得如同得克萨斯的石油。我出生不久父亲就去世了，留下妈妈一个人带着 9 个孩子生活在租来的农场里，在我 6 岁的时候，母亲也去世了。我和海伦相似的地方很有限：我在姐姐的照顾下孤独地长大，她在佣人忙碌、父母更加忙碌的环境中孤独地长大。

海伦喜欢居家生活，我却喜欢漂泊。她安于沉浸在自己的内心世界，我则更关注外在的世界。

开车旅行时，只有当我问“这风景难道不美吗”的时候，她才会从刺绣活中抬起头来看一下；海伦的时间观念很弱，而我却是一个极端守时的人；如果敲门门不开，她就会一直敲，换作我，则会敲另外一边的门；她喜欢把蔬菜弄熟了吃，而我却喜欢吃生蔬菜；海伦凭直觉就能立刻判断复杂的事物，而我是逻辑性很强的人，等我得出结论的时候，海伦已经站在终点线上等候多时了；海伦能够同时自如地应付很多事情，而我却会抓狂，我更擅长一次处理一件事情。

电影《窈窕淑女》中有一首歌叫《为什么女人不能更像男人》(*Why Can't a Woman Be More Like a Man*)，我已经说不清楚自己曾多少次悲叹：“为什么海伦不能更像我？”不幸的是，这种悲叹只能带来一种东西……

权力斗争：黎明前的黑暗

“你从来没有……”

“你总是……”

“你怎么这样……”

欢迎来到权力斗争的黑暗峡谷！

你和你的伴侣都深信自己是正确的，都想着要是对方能看到自己是真的很棒该有多好！对了，他还要愿意做你要求或暗示的任何事情，私下里想但还没说出来的也算，而且最好还要按照你要求的方式去做！那样的话，一切都会平安无事！

权力斗争确实让人很痛苦。不过你也能从中长点儿见识……这种情况肯定会出现的！

权力斗争总是发生在浪漫爱情逝去之后。和浪漫爱情不同，权力斗争具有强烈的目的性。你们的不和谐最终会使你们的婚姻变得激动人心，不过这要等到你们不再需要追求和谐时才会出现。这种不和谐所产生的对立紧张感对于治愈你们的童年创伤有着至关重要的作用，正是这种紧张感让你们有了解决问题的动力，进而帮助你们获得心理和情感上的力量。

“等一下，”你也许会想，“我的那一位和我在很多方面都是和谐的。我们喜欢同样的食物，同样的度假方式，我们所受的教育也非常相似……”

是的，你和你的另一半也许是有很多相同的地方。不过，我们发现，夫妇不和谐主要表现在以下两个基本方面：

1. 如何看待计划性与随意性；
2. 如何处理压力和冲突。

你是否喜欢计划，而TA却喜欢随意？

说到计划性与随意性，我和海伦有着完全不同的感觉。当我们一起过周末时，海伦要做的第一件事就是把一切都计划好。她会先在网上看好电影评论，然后查看饭店评价，最后过来问我要买什么票，预订什么房间。这给我的感觉是，只有一切都计划好，她才能享受我们在一起的休闲时光；只有一切都安排妥当了，她才能真正地放松。

我则更喜欢随心所欲地度过周末。这倒不是说我想一直待在家里盯着墙看。我并不介意和她一起去看她想看的电影，入住她费力找到的酒店，我只是更喜欢随心所欲。做什么事情都要提前定好，只会让我兴趣索然，我只是想放松一下，毫无目的地随意走走而已。仅仅只是为了共度周末，曾经都让我们头疼不已，直到后来我们才找到了共享周末的好方法。

当平静的“乌龟”遇见聒噪的“冰雹”

那么，两个本不和谐的人怎样才能在一起生活呢？首要的一点就是心平气和地承认你们的不同，并充分理解你们在很多事情上都有对立的看法：要知道你们两人谁都没有错。一旦你们真正做到了这些，就可以一起发挥创意设计你们的快乐二人世界了。

当其中一方或你们两人都觉得心力交瘁时，有一种方法可以成功地引导你们的婚姻渡过这个难关。

在我们的早期工作中，海伦和我就发现人们对于压力和冲突的反应可以分为两种类型：最小化和最大化。

当前者焦虑的时候，他们常常会收敛各种反应，控制自己。我们把这种人称为“乌龟”型人，因为他们收敛的方式和乌龟缩进壳里的方式很像。而当后者焦虑的时候，他们常常会把事情大声说出来，恨不得让全世界的人都听到。我们把这种人称作“冰雹”型人，因为当这种人对你发飙的时候，你的感觉就像是被高尔夫球大小的冰雹猛砸。

乌龟需要距离，他们向往自由，喜欢一个人静静地发呆想心事，这其实是他们恢复精力的方法。他们躲在壳内静静地梳理着自己的感情，在发表看法之前需要仔细地思考。他们通常是让一切都保持稳妥势头的人，从外表看，乌龟似乎磨磨蹭蹭难以有所成就，但“稳扎稳打，无往不胜”这句格言用在他们身上可是一点儿都不错。他们需要的是信任，而不是逼迫和打扰，乌龟可以搬得动整座大山。

冰雹则以与人交往为乐。他们外向，喜欢和别人分享自己的感情。在决定家庭发展态势方面他们功不可没。买这本书的也许就是一个冰雹型人。冰雹型人不会去分析事情的来龙去脉，他们立刻就能做出反应，他们凭直觉就能提出了不起的想法和见解。和配偶一起 High、看电影、参加聚会，都是冰雹型人恢复精力的好方法。还有，不用担心他们是否会把事情做完，因为他们都是照单办事，喜欢把列出来的事情一件件划掉！

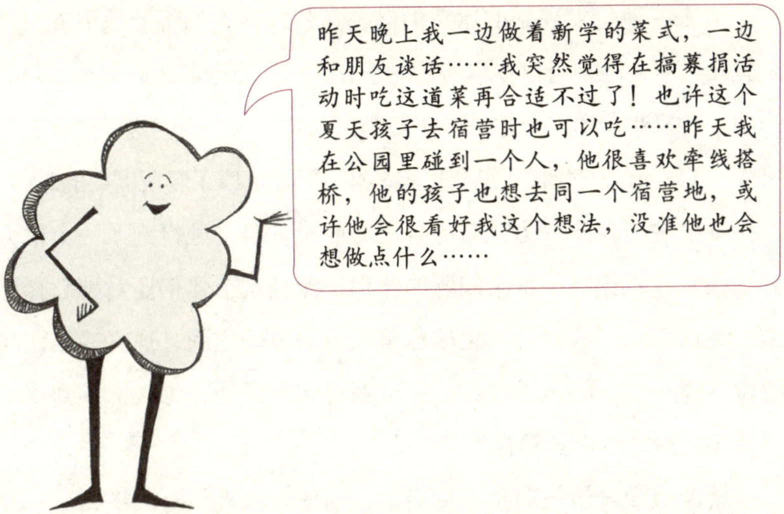

冰雹：思考不会终止，能同时做15种事情

如果不加控制，乌龟和冰雹能把彼此逼疯。不过神奇的是，乌龟和冰雹总能走到一起。有时候，谁是乌龟、谁是冰雹一目了然。而有些时候则很难分得清。就像强有力的磁铁一样，这两个截然不同的能量极彼此会强烈吸引，无可救药地相爱。我们所见过的每对夫妇莫不如此，海伦（冰雹）和我（乌龟）也不例外。

当我面对有压力的环境时，往往需要独处的时间好好想想，这样我才能把事情理清楚。而面对同样的情况时，海伦总是要找个人把事情说明白才行。她会从某个角度看问题，然后换个角度，然后再换个角度，直到把所有的可能性一一摆给我看，然后才会确定怎么做。

多数时候，我们都能找到糅合我们两种做事风格的方法，但当我不堪重负时，就会想撤退。每当此时海伦就会抓狂！她会觉得我消失了。于是为了唤起我的注意，她的冰雹劈头盖脸就砸了过来，但这样根本不能引诱我出来，哪怕一点点都不行！

后来，海伦发现她的冰雹砸得越猛烈，我退缩得就越厉害，可是就此罢手对她来说很不容易。终于有一天，海伦脑子一闪有了新的想法。她喜欢刺绣，于是决定在发现我退缩时绣东西，这样她就有了可专注的事情，鸣金收兵也会更容易些，同时也给了我所需要的时间。

她学会了用这种方式疏导自己的能量，最终她得到了一个精力完全恢复、也很善于解决问题的伴侣，而且这个伴侣还对她心存感激。她在我重新找回自己之前尊重我所需要的空间，这真的很让我感激（同时，我的孩子和孙子们也都得到了好处，每人都得到了一只很棒的刺绣圣诞长筒袜）。

就像浪漫爱情终归是一种错觉，乌龟—冰雹的对决终归是一种自然法则：乌龟往壳里缩得越厉害，冰雹就来得越猛烈；冰雹来得越猛烈，乌龟就缩得越深。

给 TA 安全感，乌云就能变晴天

我和海伦终于认识到，我们没有必要成为乌龟—冰雹对决的牺牲品，于是我们迎来了一个重要的转折：她知道自己能下多少冰雹，我也懂得自己能往壳里缩多少，这都可以为我们所控制。是的，你和你的伴侣可以让这条自然法则为你们而改变。

所以冰雹型人需要注意的是：当乌龟缩进壳里时，你也许很想大发雷霆，但请千万别这样！因为这样做你根本得不到你想要的，要知道乌龟缩进去就是因为他感觉承受不住了。

让乌龟心烦的事情还有一些，如婚姻中一出现问题你就责备他或说服他去做你想要的事情。冰雹也许会很有气势地霸占婚姻中的大多数空间，这会让乌龟觉得遭到排挤。冰雹，如果你坚持这些做法，你的乌龟将会永远待在他的壳内！

想要你的乌龟出来吗？那就给他点儿安全感。要对他所做的一切表示欣赏。他让家庭稳定有秩序，并引以为豪，这些你要予以认可。一旦他觉得安全了，就再也没有理由躲起来了。让他在里面待一会儿，他很快就会出来和你沟通的，毕竟，在里面待一会儿就会觉得没意思！

关于乌龟，这里再补充一点。要是被逼到极限的话，他就会成为怒吼的乌龟！让他怒不可遏可能需要一点时间，然而一旦他开始发怒，你就要小心了！那情形可一点儿都不美好！

乌龟型人需要注意的是：看到冰雹的乌云开始聚集，你当然想要躲开，可是千万不要！为了防止冰雹砸烂你的壳，你要勇敢地伸出你的脖子。冰雹猛砸是因为他承受不住了，因为他通常认为自己承受着整个世界的重量，所以当你退缩的时候，冰雹会觉得更加势单力薄。因此当第一声雷响起时，你就要对他付出全部的注意力，你的态度要友好，要给予他支持，送一束花，写一张表示感激的小纸条，或者对他的感受表示认可，这些都是你能做的。

对于乌龟来说，需要时刻牢记于心的一点就是，要和自己的冰雹心平气和地交流，这一招永远有效，尤其是当你们中有人觉得承受不住或没有得到欣赏时更是如此。当冰雹乌云密布时，你应该让

他放心，并让他知道你一直都在支持他，一旦他觉得可以依赖你，他头上的乌云就会散去，太阳就会重新露出笑脸。

两情相悦，把自己最擅长的教给对方

如果让彼此抓狂是最糟糕的情况，那么最好的情况是什么？是乌龟和冰雹学会如何共舞。要做到这一点，我们首先要把自己最擅长的教给对方。乌龟需要学会面对，要挺住，也就是说，要更像冰雹那样，把自己的想法大声清楚地表达出来，冰雹则要学会乌龟“退一步海阔天空”和“蓄势待发”的智慧。这样互相学习可以让彼此都掌握重要的技巧，我敢说，这也会让彼此更像对方。

尽管我们的不和谐是让我们喜欢上对方的主要原因（当然是潜意识中的），但有意思的是，双方都需要学会如何与对方更相像，甚至包括对方最让你难以接受的地方。

当乌龟越来越像冰雹，冰雹越来越像乌龟时，双方就会重新达到平衡的状态。另外，这些新近培养起来的技巧也会让你们两人在这个世界上都成为更好的人。

我们掌握着钥匙，可以控制乌龟缩进去的深度以及冰雹砸下的猛烈程度，意识到这一点真的感觉很好。不和谐可以帮助我们治愈童年创伤，满足对方需要的同时也让我们获得新的品质，提高心理和情感素质。在婚姻的旅途上，做彼此的催化剂和伴侣，这才是两情相悦的真正神奇之处，才是爱的奇迹。

练习 2：诱出乌龟，驯服冰雹

读完这一章，你也许很轻易就能辨别出，在你的婚姻中谁是乌龟，谁是冰雹。

如果你还是辨别不出，可以考虑一下当你真正烦恼的时候会有怎样的反应，如果还是辨别不出，你可以问问你的配偶。

1. 把乌龟诱出来

如果你是冰雹，你的乌龟缩在壳内就是不出来，下面这些方法可以帮助你把他诱出来：

(1) 问对方此刻需要什么。如果对方答不上来也不要烦躁，只管问就好，努力让你的配偶感觉到安全，这样他才会向你敞开心扉。关于乌龟为什么有一个硬硬的壳（和软软的肚皮），则需要更多一些好奇。

(2) 不要轻举妄动。这是最简单通常也是最有效的方法，但对冰雹来说也是最难做到的。关键是，只要你给乌龟足够的空间，他就会在你不经意间探出头来，到时你就不会觉得自己孤掌难鸣了。

(3) 写一张示好的小便条。真诚赞美配偶，然后把便条放在他能看到的地方，比如桌子上、床头柜上、文件夹里，或直接粘到浴室的镜子上，这能够有效提醒乌龟，他得到了赞美。

2. 让冰雹平静下来

如果你是乌龟，你的冰雹正怒不可遏，不断用高尔夫球大小的冰雹砸你。下面这些做法可以驱散他头顶浓密的乌云。

(1) 向他表达欣赏之情，可以送他一束花或一张友好的便条，也可以送他最喜欢的零食。这些小小的举动会让他觉得你依然很在乎他，你并没有放弃对他的爱。

(2) 问对方“怎么了”，然后倾听，把你的冰雹说过的话重复说一遍。

(3) 想让冰雹平静下来，你可以这样问：“我能为你做些什么吗？”这句话的关键在于冰雹能够从中感受到你的关心。对于冰雹来说，有一个能够真正支持他的配偶意义重大。你必须说到做到，把他认为你可以为他做的事情一一落实到位，否则，你将不难想象，砸向你的冰雹会更猛烈！

切记：不和谐不仅是婚姻的基础，更是创造美好婚姻的契机！

I LOVE YOU
Make Marriage Simple

幸福语言 3

与冲突共舞，在转角处重获新生

哈维尔

你们的婚姻是否充满了各种冲突？你是否觉得自己找错了人？为了回避冲突，你是否想要一走了之，或选择和 TA 过井水不犯河水的生活？

你知道吗？婚姻是一场华丽的冒险之旅，而权力斗争就是这趟旅程的必经阶段。因此，你永远无法逃避冲突，但你可以学会与冲突共舞，让它为你的婚姻带来新生，在下一个转角重遇幸福。

冲突值得经历，不要试图逃避它

希望现在的你已经意识到，你所经历的冲突不仅是正常的，而且不可避免，甚至是非常有价值的。因此，不要天真地想避免冲突，也不要尝试否认，更不要逃避，或暗自希望冲突自行消失。学会与冲突共舞，你将在某个转角发现神奇的事情。

冲突会让你觉得不舒服，但它也会促使你从一个崭新的角度看待自己的处境，从而使你有机会选择是让冲突继续下去，还是把冲突转变成有创意的张力，从而生出全新的看法和才能。

实际上，冲突就是想要成长的欲望。

我们所有人都想得到真爱，正是它促使我们在通往婚姻的殿堂上最终说出“我愿意”。我们踏上婚姻的征程，就要走过两个必经阶段：

1. 浪漫爱情阶段：这一阶段让你神魂颠倒！你的大脑里会释放出愉快的化学物质，它使你迷恋上你的配偶。这种感觉很美好，你会希望永远处于这一阶段。

2. 权力斗争阶段：不幸的是，每一对夫妇迟早都会进入这一阶段。你看到了对方所有不好的方面，脑子里快乐的化学元素消失殆尽。你感觉自己迷失了，似乎一直在走下坡路！

一旦你们走过这两个阶段，前面就会是一片坦途。真爱就是你所希望的和谐与亲密，是在互相关爱和尊重的基础上达到的一种情感交融。和所有值得拥有的东西一样，真爱的获得是一个过程，是一场华丽的冒险之旅，而我们的这本书就是一个很好的路线图。

再多新欢，都是前任的翻版

很多夫妇都认为，存在冲突就说明婚姻出了问题，而我们的文化有着很荒诞的逻辑：如果婚姻出了问题，就说明你找错了人，但真实情况完全不是这样。

不幸的是，因权力斗争而产生的痛苦和困惑使得很多夫妇想打退堂鼓。他们钟爱浪漫，一旦两人之间有了权力斗争，就想马上逃避。有的选择了离婚，有的依然在一起，却过着井水不犯河水的生活。逃出围城的人们觉得自己很幸运，殊不知，任何新恋情在开始时都是浪漫温馨的，也就是说，权力斗争是躲不了的。

没有谁能躲得过。你的新欢可能在相貌、说话方式、笑的姿态以及做事方式上都和你的前任很不一样，可是一旦浪漫逝去，你就要小心了：TA 会变成你前任的可怕翻版！

如果在权力斗争阶段选择退出，就意味着你将要扼杀在婚姻中挣扎欲出的美景。你可以甩掉配偶，但问题却如影相随，倒不如与配偶如影相随，把问题甩掉。怎样才能做到呢？冲突能为你们的婚姻带来新生的可能性，你要对此充满好奇。如果你想保持婚姻原地不动，那么就不要有冲突；如果你要你的婚姻破裂、灼烧，那么就让冲突横行，也用不着去学习处理冲突的技巧。然而处理得好的冲突，就像一个往上爬的楼梯，能把你的婚姻引领到更好、更高的地步。

利用冲突，促进彼此的成长

当我们告诉参加培训班的夫妇们每一对夫妇都会陷入权力斗争时，他们感到非常欣慰。原来在婚姻中遭遇瓶颈的并非只有自己！而我们的秘诀就在于利用冲突促进成长。

可悲的是，我们自己同培训班上的夫妇们毫无二致，我们也曾完全陷入权力斗争，相持不下。下面就说说当时的情形以及我们最终找到彼岸乐土的过程。

妈妈去世的那段时间，我处于极度震惊状态，根本哭不出来。在葬礼上，我的家人称赞我，说我控制住了自己的情感，我的一个姐姐还不无敬佩地称我为“小男子汉”。当时我只有 6 岁，当我渐渐从母亲去世的惊恐麻木中恢复过来时，我本可以大哭一场，但我已经从周围大人中接收到了很强的讯号：情感外露不好。于是，我把自己的情感深深地埋在心里。我开始通过才能表现自己，全身心投入到发展杰出的交流能力、逻辑写作能力和演讲能力之中。

我的感受埋藏得很深，以至于有时候连我都不知道自己心里是怎么想的。这让海伦很烦恼，尤其是在她想利用潜存意象理论治疗童年创伤时，看着我茫然的表情，她觉得自己好像嫁给了一个机器人。

海伦的家人允许她尽情地去感受，玩耍，唱歌，跳舞，大笑，甚至是大哭。20 世纪 70~80 年代的南方，正是注重淑女培养的时期。女人表达自己的情感没什么不好，同时，没人会要求或鼓励她们培养逻辑和有序表达的能力，更不要提专业或办公技能了。她上的女校甚至不教打字，她曾问过为什么，而得到的答复是她们用不着。

所以对于海伦来说，感受没有问题，可是如果要她严肃对待自己的想法，并有逻辑地组织自己的语言时，问题就来了，海伦会东拉西扯，大谈特谈她的感受，这简直让我抓狂。

我们唯一看法一致的地方就是：我垄断着婚姻中的“思考”市场，海伦垄断着“感受”市场。

你能猜出接下来会发生什么事吗？

当婚姻中出现事端的时候，我会变得更加茫然。海伦不会和我理性地进行分析，而是有意识地把本属于两个人的感受统统背到自己身上。她的情绪变得越激动，我就越烦恼！最终结果就是我咆哮起来，同时也变得更加苛刻。

我所需要的无非是海伦能更有条理地去思考，这样我就不用处理她各种感受的烂摊子，而海伦所需要的无非是让我学会去感受，这样我就能体谅她的各种感受。

不幸的是，我越挑剔，海伦就越表达不好，我因此变得越挑剔。陷入恶性循环的我们，究竟如何走出困境呢？正是在这个阶段，我们试着把冲突当成富有创意的张力，最终使我们的婚姻出现了崭新的局面。

起初，我的感受能力很弱，海伦的逻辑思考和表达能力也没有得到完全发展。后来我们都意识到，对方最让你抓狂的地方通常也是你私下最想向他学习的地方。有了这种认识，情况开始真正改变了。结果，我们都有了全新的发展！

我的任务是放手让自己去感受。这很可怕，因为它意味着我要重新感受 6 岁时失去母亲的痛苦，几十年来这对于我来说一直讳莫如深。我喜欢万事皆在掌控之中，喜欢秩序，对于重新感受这样的痛苦，我很难心甘情愿地接受，有谁能心甘情愿呢？

问题是，当海伦需要我对她进行情感支持的时候，我总会把自己封闭起来。她常常提醒我，要走出困境就必须勇敢地去体验童年创伤。天呐，我确实抵制过这种做法！可是我越抵制，冲突就越厉害。最终，我鼓足勇气一头扎进了痛苦的回忆，重新感受和梳理一路走来被我搁置一边的感情，它们曾经是那样不堪回首！

刚开始学习表达内心深处感受的时候，我的情形有点混乱。谢天谢地，海伦并不介意。她知道我能行，对我的这种能力深信不疑。

这对我来说非常重要，因为我根本没有自信可言。她的信任始终鼓舞着我，使我终于有机会开始探索崭新的情感领域。

我探索得越多，所得的回报也越多。海伦告诉我，当我尝试用身心去沟通时，我不但变得更有智慧，也变得更体谅人。尽管最初的感受并不自在，但最终我收获颇多！

作为一个学术呆子，如今面对夕阳西下我会突然热泪盈眶，当有人做了关心自己的事情，我也会大哭不已，我现在就是这样！我相信，时刻去感受生命中有意义的点点滴滴，这将永远是一件非常美好的事情。不仅如此，当我面对自己的感情越自然，同那些情绪激动的人相处起来也越容易。以前，我只能和向我咨询的夫妇们相处得很好，而面对海伦和家人时就会无法敞开心扉，现在我再也不那样了！

海伦要做的是用更有条理的方式表达自己的想法。有一天她来找我，很有想法地说："我需要一台电脑！"我的苛刻的逻辑性再次占了上风："干什么用？你又不会打字！"我这种想法是何等的自以为是！不过海伦并没有放弃："我想我可以自学。"说完她头也不回地走出了房间。

第二天，海伦带回来一台笔记本电脑，她看起来既欢欣鼓舞又有点不好意思。说实话，我当时着实吃了一惊，但心里也十分激动。是的，我想尽自己所能地去支持她！我很快帮她把电脑装好，还给她找来一个练习打字的软件，不过，当时我们两人都没有意识到我们正在释放出一种不同寻常的能量。

3个月后，海伦已经准备在电脑上大显身手了。有一天，我听见她在敲击键盘，速度快得惊人，于是问她在干什么。她说："哈维尔，我从来没跟你说过，我觉得自己心中有一本书。我妈妈曾经想过写一本书，可是始终没有写成。我不知道自己能否写成，但我要试试。"

我真是大开眼界。在帮我发展潜存意象理论方面，海伦功不可没，在我写书的过程中，她也给我提出过中肯的建议。如今，我终于成功地帮助她更有逻辑性地思考，更有条理性地表达。我很高兴能够帮到她！另外，我从未怀疑过她写不成书。她的书出版时，我们两个都很自豪。

冲突过后，我们遇见全新的自己

通常情况下，我们最希望对方给予的往往也是他们最无力给予的。这也意味着，对于他们最需要从我们这里得到的东西，我们也同样无力给予。

长大后人总会觉得学习新东西很难，因为学习新东西的确需要勇气，所以做好准备吧，来一个真正的伸展运动。一开始的时候这并不容易，而且双方都会感到不太舒服。

为什么我们要称其为伸展运动呢？这是因为，在婚姻中成长需要双方都伸展到一个全新的领域，动用我们从未用过的情感肌肉。

我的任务是感受，而海伦的任务则是逻辑思考和表达，每周我们都会有一点进展。虽然对我们两个人来说，这种艰辛实在难以言表，但由于我们总在不断地进步，所以当我们坚持的时间越长，改变就变得越容易，我们的感觉也越神奇。

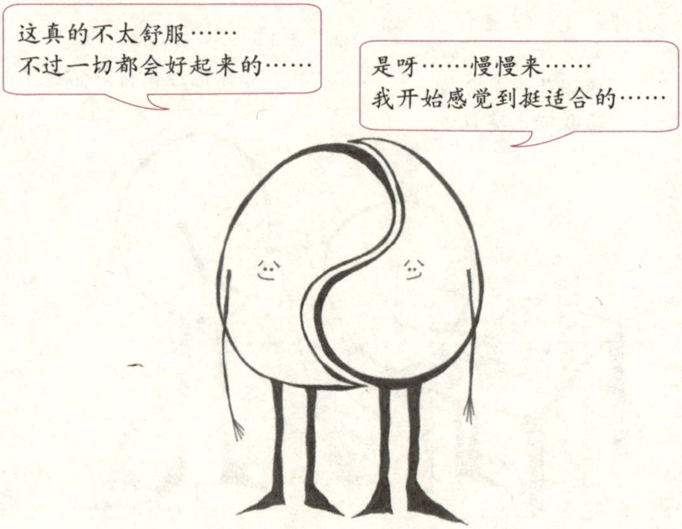

伸展运动

起初，我们势不两立，如今，冲突使我们变得更加有深度：

1. 我的成长使我能够用以前想都不敢想的方式对待自己所爱的人以及这个世界，也使我能够与想象中的自己进行沟通，那个自己青春年少、豪情万丈，从未经历过父母逝去的痛苦。这一切让我找到了自己的真实感受，突然间，我可以同时用心与大脑进行演讲和写作了！

2. 海伦的进步使她重返校园，获得了博士学位，写的文章得以发表，最终成了一位作家。所有这一切都意味着她学会了如何有逻辑地思考问题和表达。如今这两个方面她都已经做得很棒了。出书对她来说很重要，同时她也希望以此作为礼物送给母亲。每当说起这个，海伦就止不住热泪盈眶。

很多人会觉得，浪漫爱情消失得太快，权力斗争持续得太长。不过请记住，这种斗争不是偶然的，而是有原因的。想要顺利通过这一关，你必须认清冲突背后的真正信息：对你和你的配偶来说，现在是时候拓展自己、进入从未涉足的领域了。把冲突当成催化剂，你们就会成为彼此所需要的伴侣，并促进双方全面发展。

练习3：怀念与渴望

1. 列出让你有感觉的事

(1) 把你们最初相遇相恋时，你很喜欢且现在还一直怀念的事情写下来。

(2) 把你一直渴望在婚姻关系中出现的事情写下来，这些事情也许你从来都没有感受过。

2. 与伴侣分享，构建梦想婚姻模型

同伴侣分享彼此写下来的事情。这样，你们自然而然会产生一些相关的记忆，记得要一同分享。比如，你们中有一个希望能多去旅行，这就可能让你想起刚坠入爱河时的一次美好旅行。和对方分享的时候不妨拥抱一下，这样你们的脑子里就会释放出爱的荷尔蒙。爱的荷尔蒙是浪漫爱情阶段让人产生奇妙感觉的重要原因。

对于婚姻的一些想法，你还可以列出一个清单，贴在冰箱上。这些想法中也许有的很微不足道，如彼此更加关爱，或拥有更多朋友，有的则很宏伟，如再次度个蜜月。无论如何，要把你对婚姻的期望放在一个一眼就能看得见的地方，这样才能提醒你努力去实现它。

切记：拓展自己能使你在给予配偶所需要的东西的同时获得新的技能。

Make Marriage Simple

幸福语言 4

对爱人全心全意，创造充满正能量的空间

海 伦

你们是否曾互相伤害，只为让对方关心并满足自己的需要？当婚姻陷入困境时，你们是否都认为是对方的问题，对方应该立刻做出改变？

改善婚姻关系，我们要做的应该是治愈婚姻本身。注意每个措辞、声调和眼神，去除指责与抨击，全心全意投入在对方身上，让夫妻空间充满正能量，唯有如此，我们才能治愈彼此的创伤，从而共同构建真正有爱的婚姻！

爱人的需要，指引你的成长

现在，我们终于来到了神秘婚姻中的核心部分，当我们化冲突为成长的时候，就会有神奇的事情出现，从而使我们满足婚姻的真正需要。

你会成为对方的治愈者，对方也会成为你的治愈者，你们将会开始用一种崭新的方式倾听对方，从而看清一个重要的事实：配偶的需要指引着你获得疗愈和成长，你的需要同样指引着对方。

在传统的老式婚姻里，两个人是对立的，都想进入中心位置。每个人都期望对方关心并满足自己的需要，这种婚姻好不到哪去。今天，一种全新的婚姻出现了，那就是伴侣婚姻。

这种婚姻不单意味着你或你的配偶两个人的存在，而是比你们都要强大的一种结合，意味着你们两个人要互相帮助，让彼此成长，获得健全的人格，而它的核心就在于治愈彼此的童年创伤。

为爱投入，彼此敞开心扉

确定彼此的疗伤计划就像一个四步曲，你和你的伴侣必须做到以下 4 个步骤：

1. 帮助彼此了解创伤；
2. 明确需要治愈的部分；
3. 通过拓展满足对方的需要并成为彼此的治愈者；
4. 在治愈过程中变得更坚强，发展更全面。

我曾经在前两步犯过很大的错。还记得我之前多么自豪地说过“我比他自己都要了解他”的话吗？也就是说，过去我一直在拿错误的东西治愈他的创伤。直到有一天我才意识到，我不能再想当然地认为知道他需要什么，而是应该去问他本人。于是，我平生第一次问了我的乌龟型丈夫需要什么，而他的回答是“不知道”。这倒不是说他有意为难我，而是他觉得爬出自己的壳、对我和盘托出没有安全感。

我并没有强迫他，而是接受了他的说法，继而把精力放在如何让他拥有安全感上，相信总有一天，他会和我分享的。终于，哈维尔逐渐卸下防御，开始明确自己的感受并和我分享。哈维尔解释说，在他还不知道饿不饿的时候，他不想让我给他准备吃的，也不想让我早上给他准备好衣服，他需要的是我在情感上的投入与倾听。

你也许会觉得投入不难做到。其实，投入指的是用关爱的心情、开放的心态向对方付出你全部的注意力，真正地倾听对方的所想和所感。有时候，虽然对方和你同在一个屋檐下，甚至正盯着你看，而他的心却没有投注在你的身上。

真正的投入是一种真正的给予。这对我来说可是一件很难的事情！我小的时候，父母从来没有为我投入过。支持哈维尔就意味着我必须让自己沉下心来，更多地倾听他的心声。

哈维尔曾经承认，学习做冰雹型人很麻烦，很多时候他就像个机器人，我为此唠叨了不少次，结果发现这种办法根本不起作用。于是我让自己放慢速度，不再急于采取行动，而是把精力放在促进自己内心的平静与祥和上。结果，哈维尔终于从他的壳里爬了出来，开始按照我要求的那样去表达自己的感受。不过刚开始让我惊讶甚至恐怖的是，他表达出来的全是愤怒和怨恨。让我不由得想，也许让他学会感受并不是一件好事……

后来我意识到哈维尔绝大多数的愤怒都与他的童年有关，于是我的心情再次平静下来，开始对他的感受照单全收。我知道，我要学会做的是保持冷静（像乌龟那样）。在他面前，我必须坚强、冷静，让他有安全感，尤其在他难过的时候。

很快，哈维尔的怒气烟消云散，取而代之的是感激：他感激我毫无抵制地直面了他所有的感受。不久之后，哈维尔的爱意就开始冒泡了，于是，我们的婚姻终于走出了可怕的紧张状态，一切又重新变得美好起来。真是太神奇了！

由于童年的经历，我一直自然而然地处于“为他人做事”的状态，这让我感到精疲力竭，也让我很难停下来倾听。不过，随着我集中精力去倾听、为哈维尔投入的次数逐渐增多，结果我发现，比起弄清楚他所需要的东西然后在他张口之前为他准备好，倾听可要容易多了。现在，我终于能够放松了！不仅如此，还发生了其他神奇的事情！在学会为哈维尔投入的过程中，我开始更多地关注自己的感受，因为真爱需要我有更多的自我意识。

结果证明，我和哈维尔有着完全相同的创伤：被抛弃的感觉。我们小的时候都没有一个为我们全情投入的主要照顾者。我们只是用截然不同的方式来表达自己的伤痛罢了。哈维尔选择把感情深深地埋藏起来，这使他很难投入自己的情感。而我则关注过多，企图为所有人投入自己的情感。这就是坚定而自觉的婚姻的关键和召唤，我们需要迎合这种召唤，从而成为彼此的治愈者。这意味着你们要不惜一切代价地避免重新伤害彼此，成为彼此的真正支持者。只有对那些意志坚定的人来说，婚姻才是一种艺术，一种荣耀，乃至一种神圣的责任。

治愈婚姻的最好方法是营造安全感

促进这种转变发生的关键就在于安全感。我们所说的安全感是指，婚姻中的两个人都没有感觉受到对方的伤害、抨击和贬低。当你的配偶没有安全感的时候，他就会竖起防御。发生这种情况时，尽管你的配偶表面上和你生活在一起，实际上他已经把自己全副武装起来了。只有当你让他感觉到安全的时候，他才会卸下防御，出来和你共舞！也只有这个时候，他才会做到你需要他做的事情。

这就是安全感始终贯穿本书的原因。疗伤只有在安全的环境中才能进行，没有安全感，就没有治愈。那么，怎样实现安全感呢？

人们对于婚姻的想法通常是这样的：当婚姻处于困境中的时候，当事人中的一方或两方则需要“修理”，于是人们就会去找婚姻专家或买一本有关如何“修理”的书(通常需要修理的都是对方！)。人们相信，要创造出健康的关系，双方都应该健康起来。

我和哈维尔则颠覆了这一看法，我们认为，如果婚姻陷入了困境，夫妻双方需要做的是集中精力治愈婚姻，而不是修理某个人！我们甚至可以很明确地告诉大家：治愈婚姻的最好方法不是修理两个人，而是改善夫妻空间，这其实很有意思……什么是夫妻空间？从你们对彼此承诺的那一刻起，夫妻空间就诞生了。你可以把它想象成填充你们两个人之间的能量场。

现在，我们能想象出也许你的脸上正浮现出和培训班里的夫妇同样的表情。很多人起初都不相信，认为我们简直是疯了！还有很多人坚持认为：“我和我的配偶之间没有任何东西，除了空气。”

或许从表面上看，你们两个之间没有任何东西，但其实有。请你不妨想想太空，我们的宇宙里满是恒星、行星、流星和彗星。这些天体之间有什么东西呢？你可能会回答是空间，很多很多空无一物的空间，是这样吗？错。

我们过去曾认为太空是空洞的，但天文学家已经证明，两个星体之间的空间并不是空无一物的，里面其实充满了引力和能量场，从而让星体各就其位。

夫妻空间也是如此，婚姻中有一种巨大的能量场支撑着夫妻双方。正如作用力是宇宙的一部分，我们认为，你和你的配偶之间也有一种作用力在掌控着你们的夫妻空间。

传递正能量，让真爱回家

你们说出的每一个词、声调以及每一个眼神都会影响到夫妻空间，即使是无声的身体语言也会对这个能量场产生影响。

有时候你和配偶会觉得彼此互相接受，呼吸的空气是安全的，这个时候空间里填满的是爱。还有的时候你和配偶情形紧张，空气中充斥着评判，你们被紧张的气氛所环绕，这个时候空间里填满的是冲突。

夫妻空间的状态决定着你们在一起时安全感有多少。在此，我们要教给你们一句“心灵咒语”，希望你们将其张贴在家里的每一面镜子上，一遍又一遍地吟诵，每天至少说上 10 遍。准备好了吗？这句心灵咒语是：我们之间没有羞愧、指责和抨击。

羞愧、指责和抨击如同毒素，它们会腐蚀你们的空间，破坏你们之间的沟通。你们的目的是营造出安全的空间，这需要你们在面对所有的情感表现时都互相体谅，充满爱意。没错，我们说的是所有的情感表现，无论是有趣、快乐的表现，还是不太有趣的表现。当哈维尔学会为我做到这一切时，感觉真是太美好了！

从小到大我一直接受着这样的信息：只有那些可爱的人才值得被爱。后来在很长一段时期内，我因为压力而变得爱抱怨，哈维尔却挺身而出，他非但没有批评我的行为，还镇定、满心关爱地陪在我的身边，与我同在。那种感觉真棒！

真爱还巢

有一天醒来时，我仿佛突然间认清了自己，心里不由想，我可以用很多种方式让自己成为一个更有爱的人，这才是我应该关注的东西！如果哈维尔批评我，我就不会达到这样自由的境界。正是他充满爱的投入，让我感觉直面真正的自我很安全。因此，只有当双方都把夫妻空间当成神圣空间的时候，才有治愈的可能。

说到神圣空间，我们指的是严格意义上的神圣。夫妻空间也许看起来与普通空间无异，但千万不要用通常的方式去对待。对你来说，你们的婚姻应该是世界上最重要的东西，所以永远都不要让任何可能伤害到婚姻的东西破坏你们的夫妻空间，你要真正地把它当作一个圣地，这就是构建真爱的过程，它指引我们构建真正的家，一个建立在信任与关爱之上的家。

如果没有遇上像父母那样“伤害”我们的人，这一切都不会出现！

在婚姻中我们都会受伤，也只有在真正的婚姻中我们的伤口才会愈合。这就是为什么我们要积极响应召唤，成为彼此的治愈者，而这一切又都取决于你选择在夫妻空间放什么。

练习4：夫妻空间大扫除

1. 空间里的美好与挑战

(1) 在系统练习4中的小圆圈里分别写下你的名字和你配偶的名字。

(2) 在顶部的大圆圈里，列出所有你认为美好的想法、感受和行为，用以描述你们空间中积极的一面，包括尊重、爱恋、共同养育孩子、约会之夜，这些东西会给你们的婚姻带来安全、亲密和激情。

(3) 在底部的大圆圈里，列出所有你认为富有挑战性的想法、感受和行为，用以描述你们空间中消极的一面，包括不信任、抨击、缺乏亲密感、没有情趣，这些东西会给你们的婚姻带来猜疑、隔离和混乱。

2. 探讨彼此对婚姻的贡献

和伴侣分享他为婚姻的美好做出的贡献（例如："我认为你给我们空间带来的最好东西是……"）。接下来和他分享你为解决婚姻困境所做的贡献（例如："我觉得我为解决婚姻困境做出了贡献，表现在……"）。最后，你们要共同商讨一些方法，让双方都能为婚姻的美好做出贡献，都能应对婚姻的挑战，从而给婚姻带来安全空间，并将其转化为神圣空间。

切记：婚姻中最美好、意义最深远的地方是：我们都受到召唤，肩负成为对方治愈者的使命。这就意味着，你们的夫妻空间中不能有羞愧、指责和抨击！

Make Marriage Simple

幸福语言 5

真诚沟通从心开始，对话要一步一步来

海 伦

你是否感觉和 TA 交流很费劲，当你试图说出烦心事的时候，对方从来都不会真正倾听？甚至你话还没说完，TA 就开始迫不及待地打断？

“潜存意象对话法”可以帮助你们实现更好的沟通，停止无尽的争吵。在一步步走下来的过程中，你们的婚姻会在不经意间打开一扇门，阳光透过云层照下来，让你的恐惧烟消云散，并让你开始感觉和对方心连心。

沟通时我们常常忽略的细节

在进行疗伤之前，我们要学会一种全新的说话方式。原有的说话方式有什么问题吗？自人类出现以来，一直都是那样在说话，但这种说话方式其实是一种“独白”：一次只有一个人说话，却没有人会真正地倾听。

当夫妇用这种说话方式对话时，就成了“并行独白”：两个人各说各话，没有人倾听。

我和哈维尔最初相遇的时候，我们之间的说话方式就是典型的并行独白！我们有很多共同的爱好，恋爱过程中充满了含情脉脉的对话和激动人心的场面，不过，也有过令人沮丧的争执，我们俩都喜欢认准死理不放，都爱较真，而且我们总是同时开腔，尤其在看法不一致的时候。随着时间的推移，我们对此都非常烦恼。

终于有一天，我对哈维尔说：“我们轮流来好吗？”

他看起来很吃惊，不过还是回应说：“好吧，我猜是……”

结果，我们共同创建出了“潜存意象对话法”。对于我简单的一个请求，哈维尔就创造出了一套革命性的新沟通法，这样的男人让我如何不爱？我深刻地意识到，有问题找两性关系专家是非常有效的方法。

我们的文化总是鼓励我们敢于表达。几乎每一个学校都有辩论俱乐部，所有的赞誉都给了那些能清楚表达自己并能成功说服他人的人，而且在职场，绝大多数得到升迁的人都是善于表达自己的人。

我们总是被教导，要把心烦的事说出来，因此，心理学最初被称为“谈话治疗”，在某种意义上，治疗的根本就在于谈话的双方都要把心里的想法说出来。不过，很多人没有意识到，如何说出来才是真正重要的。我们还容易忽略的另一个细节就是，一方在讲话的时候，另一方必须真正倾听。

但遗憾的是，我们的文化并不鼓励我们倾听，即使我们在倾听，技巧也少得可怜，而当我们根本没有倾听的时候（比如我们都深陷权力斗争之时），我们就会把这些技巧扔到一边，一方用最高分贝说出自己的要求（冰雹型人），而另一方则闭关锁国，把对方冷冷地拒之门外（乌龟型人）。

双方在权力斗争的时候，“倾听”只能飞出窗外

促进你和伴侣深层沟通的神奇对话法

对话能改变这一切。权力斗争破坏沟通，而对话则能保持和加深沟通。对话是有组织的谈话和倾听的方式，它能在你和伴侣之间构架起沟通的桥梁，治愈彼此的童年创伤。一开始你也许会觉得有些繁琐，不过“潜存意象对话法”将助你一臂之力，帮助你和配偶确定彼此的需要，并学会尊重这些需要。

其实早在上幼儿园的时候，你就已经掌握了对话的关键：

1. 要轮流说；
2. 不要打断。

当一个人在讲的时候，另一个人要听，然后互换角色。这些听起来很简单，可是很多人却做不到，因此，练习一下很重要。

一般来说，对话有 3 个步骤：回应、确认和移情。在对话开始之前，你和配偶要首先确定好谁是发送方（说话者），谁是接收方（倾听者），因为说话的时候需要对方全神贯注地倾听，我们建议你和配偶约个时间，你可以这样问：“你现在有空和我进行对话练习吗？”

我们知道这样和配偶说话会给人感觉有些死板，甚至有点奇怪，但我们建议你这样说话是有原因的：在你们两个越来越适应对话时，问这样一个问题可以恰到好处地暗示对方，让对方做好对话的准备。

当你要求配偶进行潜存意象对话的时候，如果对方觉得时间不合适，他可以说“不”，但你可以要求他给出一个合适的时间。

如果接收方感觉可以，他会说“好”。这里的“可以”是指接收方认为自己已经准备好站在发送方的角度设想，能做到全神贯注地倾听。

要掌握这种对话法，我们建议你和配偶从互相赞美开始，我们将此称为“表达欣赏之情”。向对方表达欣赏之情能够起到神奇的作用，我们每天都会用赞美之词向对方表达欣赏，鼓励对方保持下去。当你们两个都能很自如地用欣赏的方式进行对话时，就可以用这种方法处理更加棘手的问题了。下面我们将逐步解释。

真切回应，让 TA 感受到你的爱意

发送方首先要发送一条信息，负起发送方的责任，也就是说，发送的信息要明晰，态度要友好。只有这样，才能增加对方倾听的可能性。而接收方则要做出回应，对听到的信息进行重复，而且要用发送方的原话。

例如，当发送方说：“嘿，我想和你谈谈，你最近做了一件让我非常欣赏的事。你上周五晚上和我约会非常准时。这对我来说意义重大，使我感觉你很在乎我们在一起的时光。”接收方应该这样回应：“让我看看我是不是听懂了。我做了一件你很欣赏的事情，上周五晚上和你约会非常准时。这对你来说意义重大，使你感觉我很在乎我们在一起的时光，对吗？”

这里,“让我看看我是不是听懂了”和“我说得对吗”是关键用语。作为接收方，你一定要确保回应对方的话时要说得真真切切，不要改变原话，也不要加入自己的感受，哪怕对方说的不对也不要纠正。比如，你们的约会实际上是在星期六晚上而不是星期五，不要抓着这一点不放，这种细节不重要。你最需要让对方明白，他的话你全都听进去了。

如果一开始你觉得很不自在，不要着急。并不是只有你这样，很多人一开始的时候都会不自在。然而，经过一段时间的训练之后，美好的情形就会出现。你用原话回应会让你的配偶深受感动。

在发送方确定接收方所回应的内容完全正确之后，接收方就可以说：“还有吗？”听到这话，你的配偶会大为惊讶的！很可能以前从未有人这样问过他。相反，他长这么大更多听到的是：“你说完了吗？”

因此，在接收方问了这样一个有魔力的问题“还有吗”之后，发送方也许就会做出这样的反应：“噢，是的，我正想让你知道你这样我有多感动。我小时候父母都很忙，虽然他们会出现在对我很重大的场合，却常常迟到。我永远都不指望他们能准时，我已经失望至极。我知道你也很忙，我们都忙。所以我尽最大努力来捍卫我们难得在一起的时间，我很感激你也能这样做。小时候在这方面我感受到的都是失望，而现在我感觉到的是爱意。”

你一定要确保说了“还有吗”，这句话看起来简单，却像被施了魔法的文字，它能表现出你的好奇，让你的配偶有安全感。对方越有安全感,就越愿意和你分享更深层的东西。如果发送方分享了什么，接收方就要再次重复发送方说过的话，最后问上一句“还有吗”。

如果发送方说感觉到了你的回应，那么恭喜你！你已经通过了“潜存意象对话法”的第一关！

用你全部的真诚确认对方的话

回应之后，接收方要对发送方的话进行确认。确认指的是你已经把握住了对方的想法，这时候你只需要真诚地说一句："你说得有道理。"

当然，这并不意味着作为接收方你就必须完全认同对方的观点（虽然可能会出现这种情况），达成一致并不是目的。从各自的立场出发，每个人的话都有道理，因为每个人都有不同的立场，而当你花时间从对方的立场来看问题的时候，你就会觉得对方说的有道理。

这是非常重要的一步。你尤其需要注意，说这句话的时候不能毫无表情。为了让发送方真切地感受到你在听，作为接收方，你就必须真诚地说。当你认真地确认了发送方所说的话，你传达给对方的讯息就会是："你有权力产生这样的感受，有权力这样认为。"要知道，跟你结婚的是一个完全不同的人，对方当然有这种权力！

这样做的好处在于：接下来，你的配偶会很快进入接收方的角色，进入你的世界，并对你的话做出同样的回应、确认和移情！

我们多数人都认为自己的方法才是正确的，并誓死捍卫！但问题是，这种做法只有死路一条，它将切断你和配偶之间的沟通。我们常问夫妇们这样一个问题："你想证明自己正确，还是想要婚姻？"因为你永远无法同时拥有两者。劳累了一天，倘若你们还各自心怀"我才是正确的"这样的想法，又怎么可能相互依偎在一起呢？

准确移情，简单表达你的感受

确认之后，接收方就该对发送方表达感受了，你可以试着用一两句话描述对方此刻的心情。要记住，心情主要分为四种：高兴、生气、悲伤和害怕。其他的心情都是这四种的细分，因此你没必要查阅同义词词典把事情复杂化，用一种简单的分类描述即可。接下来，你还要问你的配偶你描述得对不对。

比如，接收方可以这样说："你小的时候父母老是迟到，那种失望我非常理解，所以我能想象得出当我准时的时候你有多高兴，也能想象得出你对此是多么感激。你是这样想的吗？"如果你说得对，发送方就会说："对，正是这样！"

坚持练习，将爱进行到底

你开始明白整个过程是怎么回事了吧？切记，你们两个都有来自童年的创伤，而婚姻就是为治愈这些创伤而准备的。

通过对话，我们能感受到深藏于内心的痛苦记忆和感受。同一个爱我们的配偶重新感受这些记忆有助于帮助我们疗伤。在重新感受过去的时候，有人感同身受地倾听而不是评判，会让我们拥有截然不同的结果。

刚开始，对话可能会有些死板、僵硬，也会感觉要花很多时间。需要注意的是，对话不应该过快。想要发现配偶真实的一面，以及我们是怎样受到伤害的，我们就必须放慢速度。实际上，对话的主要关键点就在于要让你慢下来。

对话本身也许挺让人费神：你要想尽办法向配偶解释你是怎么产生这些想法的，还要倾听对方的想法，并努力弄明白自己需要的是什么。不过在你挣扎着一步一步走下来的过程中，你们的婚姻就会在不经意间打开一扇门，阳光透过云层照下来，让你的恐惧烟消云散，并让你开始感觉和对方心连心。你也许有着和对方完全不同的想法和感受，但在这种开放而心有灵犀的状态中，你终会深刻地理解对方，体会到婚姻的神奇，继而产生深深的满足感。

如果以上这些还不足以激励你们坚持对话，不妨这样想：吵一次架需要多长时间？从吵架的阴影中走出来又需要多长时间？两相对比，对话根本谈不上花了什么时间！

因此，如何与配偶共度时光取决于你。要么是无尽的争吵，要么是费神却有着奇效的对话，你必须选择一个。

回应是为了和对方建立联系，确认是为了更好地沟通，移情则是为了让你们达到情感交融，这就是把婚姻转变为神圣殿堂的必经之路。

练习5：潜存意象对话法

1. 对话准备

(1) 确定谁是发送方，谁是接收方。

(2) 选一个话题。建议从美好的事情开始，可以表达对对方的欣赏和赞美，也可以说一说你一天的工作情况。

(3) 对话前，发送方需要通过提问与接收方约定时间："你现在有空和我进行对话练习吗？"

2. 对话3步曲

步骤1：回应

发送方首先发出一条信息，负起发送方的责任。

接收方用下面的措辞重复发送方说过的话："让我看看我是不是听懂了，你……我说得对吗？"

发送方确认接收方说得不错之后，接收方再问："还有吗？"接收方要不断地回应，直到发送方认为自己说的话对方都听到了。

步骤2：确认

接收方要对发送方的话进行确认，只要真诚地说一句"你说得有道理"即可。切记，接收方不需要完全认同发送方的观点，达成一致并非目的。

步骤 3：移情

接收方要理解发送方发送信息背后的真实情绪。情绪主要分为四种：高兴、生气、悲伤和害怕。

想做到移情，接收方要这样说："考虑到（此处加入对方所说的话），我想象得出你也许会觉得（用一个词来表述对方的心情）。"然后用一句"你是这样想的吗"进行核对。如果对方说"不是这样的，我真正的感觉是 XX"，那么接收方就要再次重复发送方说过的话，直到发送方认可接收方对自己感受的描述。然后双方互换角色。发送方成为接收方，接收方成为发送方。

对话的关键是：练习、练习、再练习。

3. 继续练习

我们建议你们找出专门时间进行全面的对话，也可以在一天中随机进行，这样做还有助于训练大脑！比如：

(1)"如果我没有听错的话，你说把盐递过去。对不对？"（回应）

(2)"还有要说的吗？"

(3)"你刚才说不希望看到我把你辛辛苦苦清扫干净的厨房弄乱，我觉得你说得有道理。"（确认）

(4)"哇，老板是这么说你的？这真的让你感到高兴又自豪。我说得对不对？"（移情）

每一次搭腔都可以给你的生活带来变化。祝你们聊得开心！

切记：对话的目的不是达成意见一致，而是要轮流进行，彼此真正地倾听。

注：如需查看更多资源，请登录 www.MakingMarriageSimple.com。

Make Marriage Simple

幸福语言6

用赞赏取代批评，与你的爱人再次相爱

海　伦

互相否定只会让伴侣失去安全感，甚至竖起防御，而互相赞赏则有助于我们聚焦彼此的可爱之处，此外，用好奇取代评判也能为我们的婚姻带来微妙的转机。当我们对否定喊停，我们的关系也将随之转变！

一味否定，伴侣不会发生任何变化

实际上，我们所说的情感交融在充满否定的婚姻中是不可能实现的。我和哈维尔曾在重新来过还是离婚之间摇摆不定，于是我们去了一家书店。一时兴起，我们选了一本关于两性关系占星术的书，翻到解释婚姻如何缘定前生的那一页时，我们看到了这样一行字："如果不结束彼此之间的否定，你们的婚姻就会走向尽头。"

刹那间，我们惊呆了。这位作者怎么会对我们如此知根知底？他说的那句话切中要害，直击问题的核心，我们甚至都不用另花钱去找专家了。我们所谓的"否定"是指任何带有否定含义的话，包括说话的口气，脸部表情（如翻白眼），以及让对方感觉被否定的行为等。是的，你有没有否定对方，不是由你说了算，要由对方说了算。你也许会说你只是在开玩笑，可是如果对方感觉不好的话，你就得打住。一味地否定只会让你的伴侣失去安全感，如果你的伴侣无法在婚姻中得到安全感，他就永远不会成长，你们的婚姻也永远都不会有所改变。

是不是在否定由我们的伴侣说了算

婚姻中的三大无形杀手

我和哈维尔发现，无意中让对方感觉受到了否定的方式有 3 种，这些方式也是婚姻的三大杀手。它们包括：

1. 批判性思维；
2. 争强好胜；
3. 建设性批评（但愿你别出现这种状况）。

1. 批判性思维

在很多方面，批判性思维可以给我们很多帮助。它可以帮助我们确保走出家门时穿的袜子是相配的，它可以提醒我们在走出卫生间时检查脚底有没有粘上卫生纸。开车的时候，谁不是一直在进行着各种批判性思维？因为这样就可以帮助我们预测其他开车人将会采取的行动。如果没有批判性思维，我们会发生多少车祸呀！在我们的社会，甚至会因为批判性思维而得到奖励。老师们喜欢在交作业前就对作业进行评判的学生。对于这一点，我和哈维尔再熟悉不过了，因为我们都是上了很多年学的人！老板喜欢善于批判性思考的员工，因为这将有助于他们确定哪些地方需要改进。你甚至可以尝试在工作中运用一些批判性的方法，然后再留意你的业绩评语中“能力”一项会发生怎样的变化。

然而，批判性思维绝不能出现在婚姻中。当对方没有按照我们认为应有的方式做事或做出回应时，我们通常就会用最挑剔的态度对待对方，而这样做将彻底击垮我们的配偶。因此，我们常常这样告诉我们培训班中的夫妇们：你的配偶不是你。在挑剔配偶所作所为的时候，你心里真正感到难过的是，为什么对方不是你。

过去，在我情绪很激动的时候，哈维尔总是为我不能清楚地表达自己的想法而感到不满。简单说，他是因为我难过而难过。他会

给我建议，告诉我如何表达自己的感情，好让我在交流的时候表达得更准确、更顺畅。即使在我最难过的时候，他也会这么“不厌其烦”。要知道，我最讨厌在那一刻被人说教该怎么与人交流。

后来，他渐渐意识到，他之所以会感到难过，其实是因为我不能像他那样做个乌龟型人。夫妇一直都是这样对待彼此的。

要结束这种互相伤害，你们就必须接受：你们是两个完全不同的个体，有着不同的喜好和不同的做事方式。不幸的是，太多的不同很容易导致矛盾的产生。

2. 争强好胜

表面上，我和哈维尔似乎很随和，很好相处。可是，哪怕只要把这一表层稍微刮开一星半点，你就能看见表层之下的真实情况：我们两个都很倔！说实话，我们不撞南墙不回头，我甚至觉得没有谁比我们更爱较真了。

争强好胜是人的天性。在我们的文化里，那些成功说服别人大行其道的人都是佼佼者。为了在对决中胜出，我们都接受过这样的教育：要捍卫自己的权利，要比对方更擅长为自己的立场辩护。

争强好胜确实有其一席之地，但它同批判性思维一样，无论如何也不能出现在婚姻中。夫妻间最常见的争强好胜表现在：每个人都认为自己是“对的”，而对方是“错的”，在潜意识中，每个人都认为自己优于对方，对方不如自己。不过，这里还有一个非常有趣的玩法，可能很多人都想不到。即：你们也可以争一下，看谁最不行。

这样能行吗？当然！当我和哈维尔发现童年创伤在很大程度上影响着我们的成年生活和婚姻时，你猜我们做了什么？是的！我们就开始比谁曾经的日子更难过。

你信吗？我们就这样开始搜集小时候大大小小的伤痛，每个人都想证明自己的曾经更痛苦不堪。在这里我要提醒你们注意的是：不要和小时候失去了单亲或双亲的人玩这个游戏。因为说实话没有什么比失去父母更让人难过的了。

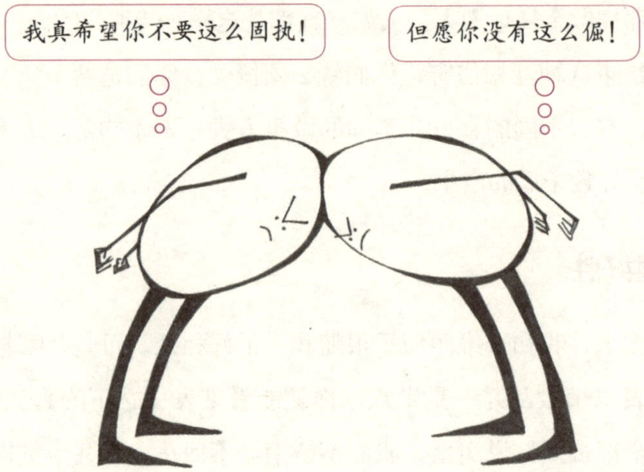

幸运的是，我和哈维尔早就发现：当浪漫爱情将两个人套牢的时候，就已经确定所选中的两个人要做同样多的事情，也就是说你和配偶所受伤的程度是相当的。只有这样，你们才可以不再去比谁更痛苦，从而集中精力帮助对方获得痊愈。

不过仍然值得注意的是，当你觉得比对方强的时候（无论是因为你相信自己更胜一筹，还是因为你觉得对方的痛苦比不上你），就说明你们已经开始争强好胜了。

3. 建设性批评

我敢打赌，你肯定不太理解为什么连"建设性批评"也成了一种否定。你可能会觉得："对方需要我的帮助，需要我具有洞察力的见解。"我不得不伤感地承认，过去的我就是这么想的。在我们刚结婚的时候，我最喜欢的事情就是给哈维尔提出建设性批评。当然，我希望凡事都尽可能地弄得清楚透彻，每一个细节都不能有偏差。于是我会列出清单。如果他选择的衬衫颜色让他看起来很苍白，列在清单上；如果他忘了我交代做的事，列在清单上；如果他牙齿间有菠菜，列在清单上；如果他在什么事情上很固执，是的，你猜对了，同样会被我列在清单上。

请你一定要理解，我并非在抱怨！我只是在伸出援手！毕竟，有谁不想得到建议让自己更完美呢？再说了，我这可是心甘情愿、不求回报地奉上自己的智慧！可是，尽管我很“慷慨”，哈维尔却变得越来越难过，这种结果很糟糕。

建设性批评真的不能出现在婚姻中爱的港湾里。很多人都随时准备着给配偶提出建设性批评，包括他的兄弟姐妹、老板、朋友、孩子、父母，你完全没有必要加入这个行列。你的配偶不仅要应对童年的伤害，还要应对每天的大小事情，因此他需要的是支持，这才是你的位置。

用笑脸换走苦瓜脸，让否定淡出你的生活

我和哈维尔互相否定得到的结果是：我们都感觉受到了对方的攻击，而人在受到攻击的情况下，往往都会筑起防御墙并进行反击。

当我们意识到这种方式危害很大时，就决定把否定从我们的生活中清除出去。于是，我们成了“否定监督者”。所以我们想说得更直白些：否定是无形的虐待，必须停止。在否定中，任何关系都不会得到进一步的发展或加深。

我们承认，这一切说起来容易做起来难。我们对彼此的监督结果令人吃惊。我和哈维尔发现，即便是在我们最简短的对话中也存在否定对方的地方。每当我和哈维尔分享工作中的事情时，他就会开始施展他的批判思维，教我如何更简洁地表达，于是我们会争论起来。

而当他对我说正考虑把家里整治一下时，我也会打断他，因为

我总认为自己已经非常清楚他的想法了，于是我们又会争论起来。即使只是讨论一下晚饭吃什么，也会引起我们的争论！因为当我们其中一个人提出吃烤鸡肉和蔬菜后，接下来又会开始争论是将蔬菜弄熟了吃（我喜欢的吃法），还是生着吃（哈维尔喜欢的吃法）。这简直会让人疯掉。

久而久之，我们寻求改变的决心越来越强烈。当我们真正做到的时候，我们都非常高兴地发现，原来改变并不难！

我们在浴室的镜子上贴了一个日历，并约定在每一天快要结束的时候，都要在那一天的空白处画一个笑脸或苦瓜脸。苦瓜脸表示，在那一天我们中有一个人或两个人对对方表示了否定。笑脸则表示，我们一整天都没有否定对方。是的，我和哈维尔加起来共获得 4 个学位，写过 10 本书，却也要用在日历上画笑脸和苦瓜脸的方式来打破否定对方的倾向。你猜怎么着，效果非常显著！

随着日子一天天过去，我们越发不愿意看见苦瓜脸，最后，所有负面的评论都消失了。是的，所有的负面评论都消失了，我们终于做到了。

表达欣赏，再一次坠入爱河

这样的收获让我们欣喜若狂。然后，一个新的问题出现了……突然间，一切变得那么安静。要承认这点让人觉得很尴尬：不否定对方的我们竟不知道该怎么和对方说话……

为了避免彼此不知道该说什么话的尴尬境地，我们设计出另外一个练习，这个练习可以帮助我们聚焦于对方的可爱之处，情随心动。我们知道，当我们否定对方的时候，所做的一切都是在创造更多的否定。如果我们用大量的积极评论肯定对方的时候，又会怎样呢？

当我们将精力放在真正起作用的事情上时，我们渐渐开始看到越来越多美好的东西。为了加速这一过程，我们彼此承诺，在每天临近结束时，分享 3 件对方让我们欣赏或感激的事情。每天晚上我们都要有新的发现，不允许重复。

刚开始，这样做很有挑战性，因为我们的大脑不习惯发现积极的方面（一般来说，大脑倾向于关注消极的方面），而这个练习却要求我们关注对方的可爱之处。列出问题很容易，相比之下，我们的欣赏总是表达得磕磕绊绊，整个对话过程中充满了令人不舒服的停顿。然而，我们最终坚持下来了（这说明，人固执偶尔也有帮助），渐渐地，发现对方的好也开始变得容易起来。

“哈维尔，我很感激你今天打电话预订房间。”

“海伦，我很感激你对我的报告提出了一些想法。”

就这样，喋喋不休的否定想法在我们的脑海里消失了。而且，因为站在了欣赏对方的立场上，我们开始用不同的眼光看待对方。终于，我们两人都发现，我们跟一个非常棒的人结了婚，而这其实是我们早知道但后来就忘却了的事实。我们雷打不动的欣赏创造出一定程度的情感安全，这是我们以前从未经历过的。我们再一次坠入爱河，这一次来得更深刻，也更加美好。

打开好奇心，伴侣原来很有趣

紧接着，我们又有了新的发现：关掉否定闸门的最简单方式就是，用好奇代替评判。态度上的这一转变有着神奇的力量，它可以给你们的婚姻重新带来奇迹。

为什么你的配偶会那样想，那样感受？你最近问过他们吗？

我曾认为自己对哈维尔非常了解，而且正如你所记得的，我认为我比他自己更了解他。可是，这样对我们的婚姻并没有什么帮助，于是我尝试着从评判转向好奇。

在我擅自认定的事物清单中，《星际迷航》差不多排在第一名。我就不明白了，《星际迷航》有什么好看的？哈维尔非常聪明，我实在无法理解这样一个令人难以置信的虚幻电影怎么就让他这么着迷（《星际迷航》的粉丝们，请原谅我）。于是，我决定好奇一下，把评判搁置起来，陪他实实在在地看几集。

首先，有我坐在沙发上陪着，哈维尔惊喜万分，而对于我来说，和他依偎在一起的感觉真的很好！接着，我注意到，《星际迷航》探讨了一些很复杂的社会问题和文化思想，真是没有想到！后来，我终于对他的这一喜爱给予了充分的尊重，和朋友们在一起时也不会再因为他提到《星际迷航》而感到难为情。并且，我还发现我了不起的丈夫和詹姆斯·T. 柯克船长以及让－卢克·皮卡德船长很像。哈维尔也在进入一个别人从未进入过的领域，他在那里探索着属于自己的“外层空间”：相爱夫妇之间的空间。

我之所以会有这些感受，只不过是付出了一点好奇心而已。一经尝试，你就会惊讶地发现，转变的到来是多么容易。

当你和配偶在一起时，试着想象自己去了国外，敞开心扉接受新的思想和观点，让自己享受不同的风景、食物、语言和风俗。你没有必要完全同意配偶的感受和选择，只需变得好奇些，保持开放的心态，就能发现伴侣选择的独特和神秘之处。此外，还记得我们在前面强调过的安全感吗？你要做的就是让你的配偶有安全感。当你的配偶没有安全感时，他们就会竖起防御；当你的配偶有安全感时，他们就会卸下防御。我们要告诉你，你的配偶其实很想成为你想要的好伴侣，他想成为你的英雄，这一点请一定要相信我们。我们知道，你们双方都是真心想让对方快乐，因此你们必须先停止否定对方。只有在这个基础上，一切才会完全改变。当我们说“一切”的时候，我们指的是各个方面。

和本书中的很多想法一样，这种转变不仅会深刻地影响到你们的婚姻，而且还会影响到你为人处世的各个方面。一旦婚姻中无形的虐待被你和配偶一起消灭，它也将从你和孩子、朋友以及更广阔的外部世界的关系中消失。你周围的人也许不知道什么被改变了，但他们能感觉到，而且也会欣赏你这种完全不同的表现。

练习6：欣赏仪式

1. 将你对TA的欣赏记下来

把配偶让你欣赏、热爱、佩服和珍惜的身体特征、性格特点以及你对他的整体性肯定评价（例如对方很棒、很体贴、很了不起等）都记下来，系统练习6中提供了表格和样本。

2. 睡前分享3件欣赏对方的事

每天上床前都要和对方分享3件你欣赏对方的事。无论你是在做系统练习6中的练习题，还是在做自己设计出来的练习，都要坚持这种欣赏仪式。

记住，不允许有重复。你可以从清单上让你欣赏的方面入手，但也要注意用欣赏的眼光看配偶。这个练习的关键在于要把注意力从不喜欢的东西上转移到喜欢的东西上。当注意力发生转变时，你就会发现喜欢的东西越来越多，同时也激励你为婚姻做更多。

练习完成了，你仍然可以继续给予对方欣赏。为什么不呢？既然感觉那么好，为什么要停下来？

切记：心随情动。你越是把精力集中在好的方面，可以让你集中精力的东西也会越多。

Make Marriage Simple

幸福语言 7

在烦恼和抱怨背后，拥有一片闪亮的星辰

哈维尔

当你和伴侣之间确实存在不容忽视的问题，一味地抱怨和批评就能解决问题吗？当 TA 的行为让你感到烦恼，你该如何说，才能让 TA 立刻改变？

每个否定背后都有一个掩藏起来的愿望，关键在于如何使用不否定的方式分享烦恼，并让对方听你的。“行为改变要求法”不但可以满足你的愿望，更可以促进你们双方都获得全新的成长！

怎么说，伴侣才会为你改变？

现在你心里也许在纳闷：难道我们就该忽略和配偶之间的所有问题吗？不要有这个疑虑，你当然没有必要被动地接受对方的所有随意行为，我们也不建议你刻意压制心里的感觉。

烦恼？什么烦恼？

无论你认为自己掩藏得多成功，被否定的感觉也依然存在。所以你需要意识到，在每一个否定的背后其实都有一个未得到满足的向往。否定是伪装的愿望，如果不是愿望，那又是什么？

配偶的行为让你烦恼，你想让对方改变，而且是立刻改变！可是，只有在他真的想改变时，这种情况才会发生，而对方是否愿意改变则完全取决于你的说话方式。因此，我们建议你不要抱怨，而是要把你的愿望当成要求说出来。你要负起发送方的责任，简洁明了地把你的烦恼说出来。作为发送方，你有责任增加对方倾听的可能性。下面是一些要点：

1. 要说“我怎么怎么”（“我很孤独”），而不要说“你怎么怎么”（“你从来都不在家”）。因为后者给人的感觉就像在评判（其实就是），而“我怎么怎么”这种表达则是邀请对方体会你的感受。

2. 说话要简短、清楚。太多的话和感受会让对方招架不住。对乌龟型人和冰雹型人来说，说得太多都是个问题，会让对方感觉受到了攻击，然后竖起防御。而你也会觉得受到伤害，因为对方似乎根本就没打算改变。好一个恶性循环！

3. 如果想要对方做出回应，你最好一次只选出一个烦恼，并简明扼要地说出来。如果对方想了解更多，他会问你的。

4. 要在心平气和的时候提要求。任何沟通专家都会告诉你：对方如何接收你的话，90% 取决于你和他交流的方式。因此要注意自己的所有非语言暗示行为，如说话的语气、眼神，要避免用脚重踏地面，翻白眼或叹气等。

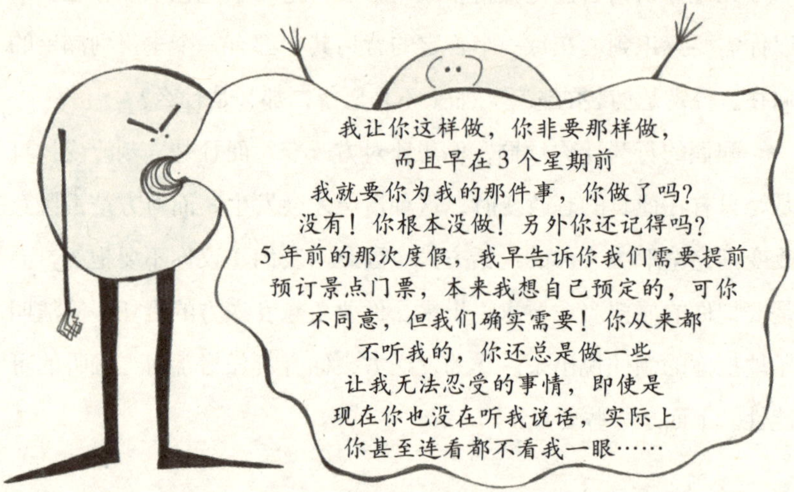

你滔滔不绝的指责可能会把你的配偶淹没……

三步曲为婚姻带来深刻变化

要负起发送方责任，你就得非常讲究技巧地邀请你的配偶对你的愿望感兴趣，这样才能大大增加对方回应的可能性。简明扼要会让你的配偶听明白你说的话。一旦掌握了这种技巧，你就会感觉掌握了一种新的超能力。

使用不否定的方式分享烦恼非常重要，于是我们设计出一种专门的方法，即“行为改变要求法”。

这是“潜存意象对话法”的另一种形式，在这里有两个关键点：第一，你可以说出自己的烦恼；第二，你可以提出一个要求。和“潜存意象对话法”一样，这种方法简单且直白，而且同样可以给你的婚姻带来深刻的变化。

“行为改变要求法”是在婚姻中让陈述烦恼和保持安全感同时存在的一种方法。包括3个简单的步骤：

1. 约定时间；

2. 陈述烦恼；

3. 提出要求。

第一步，与爱人约定时间，给予尊重

和对话练习一样，在提出行为改变要求之前你需要与对方约定时间。你可以这样说："我有一个要求想和你说说，现在可以吗？"

约定时间非常重要。也许你的配偶心情不好，无法听你诉说，对此你要给予尊重。如果现在不行，你可以让对方另外定一个时间。选择一个对双方都合适的时间有助于达成目的。

第二步，简单陈述你的烦恼，等待回应

约定的时间到了，发送方要简单陈述自己的烦恼，负起发送方的责任。尽可能只用一句话，最多两句话。例如，发送方可以这样说：

“最近几年我们多数时候都是和你的家人一起度假，我很想念和我的家人在一起的时光。”

注意这句话有多简洁，多直击要害。还要注意到，所说的内容必须是发送方心里的体会，而不是一味抨击配偶是个白痴，竟然没发现这种情形对他有多不公平。

接下来，接收方要一字不差地回应发送方说过的话：“让我看看我是不是听明白了。最近几年我们多数时候都是和我的家人一起度假，你很想念和你的家人在一起的时光。我说的对吗？”在发送方确认接收方说得没错之后，接收方还要问一句：“还有吗？”这时发送方可以做出回应，但要小心，一定要确保说出来的话简短、不伤人，将说话内容集中在你感受到的烦恼上。记住：不要让对方不堪重负！

发送方可以这样回应：“我的父母一天天老去，我希望能留下更多与他们在一起的记忆。”发送方也可以这样回应：“这感觉不太公平，我很难过，有时候甚至有些生气。”这时候，接收方就能够确认这些感受，说一句：“哦，你有这种想法可以理解。”

第三步，巧妙提出要求，充分发挥你的创意

这时候，你就可以说出自己的想法了！一旦确认对方把你的话听得真真切切，下一步就是提出3件事让对方选择，帮助你驱走烦恼。提出的事情要具体，要让对方有选择的空间。对方可以选择做其中一件事作为给你的礼物。

向对方提出要求时，我们建议你的要求满足这5个方面：具体，可衡量，能实现，与问题相关，定时间。

“我希望今年的所有假期都和我的家人在一起，而不是和你的

家人在一起”，这种说法也许无法实现，而“我想让我们更多地陪陪我的家人”则不仅不够具体，且无法衡量。你可以提出诸如“我今年想参加我家一年一度的家庭团聚”这样的要求，这个要求就定出了一个具体的时间。另外，一旦你的配偶满足了你的要求，你就要奖励对方一颗金星，感谢他减轻了你的痛苦！

提出要求为你提供了一个告诉对方该如何减轻你烦恼的机遇。问题是，我们通常更擅长谈论自己不想要的，而不擅长谈论自己想要的，这就使得向对方提要求成了难于上青天的事情。

我们很多人都是在这样的环境中长大的：“为了他人而做”“不要总想着自己”“不要自私”。结果，清清楚楚、简明扼要、和和气气地提出自己的要求就变得非常具有挑战性。可是，如果我们不学会这么做，我们的需要就不会得到满足。

因此，你可以有点创意。提出你自己乐于接受且对方也乐于满足的要求。对于我们在本章中所提到的例子，你可以提出如下3个要求：

1. 明年我们可以轮流和我们的家人度假，一个假期和你的家人过，下一个假期和我的家人一起过。

2. 接下来的两个月里，我们可以专门抽出时间邀请我的家人过来看我们。

3. 今年我们可以选择一个假期，我们做东家，邀请双方家人参加，这个周末就打电话通知。

如果你想更有创意些，还可以尝试提出这样的建议：“我们可以一起弄一个相册，让我的家人知道他们对我们很重要。”如果家庭经济允许的话，还可以这样说：“我们可以租一个游轮或租一间湖边的小房子和我的家人一起度假。”任何时候，要求都要提得轻松愉快，它甚至可以是你一时兴起的想法。总之，你不能让你的配偶感觉像是惩罚。还有一点重要的是，你提出的要求要有助于对方成功接受。

发送方每发送一个要求，接收方都要写下来，甚至可以对每一个要求一一进行回应以确保所听无误。在发送方提出 3 个要求之后，接收方则要做出选择。

永远让爱人看到希望

现在，你们两个已经走在了伴侣婚姻的大道上（在这条大道上，无论是关于怎么度假，还是关于婚姻本身，都会让人感觉更加平等），在互相尊重且专注于解决问题而非互相指责和羞辱的氛围里，和一个人沟通起来会是一件非常愉快的事情。

没有隔阂的感觉真好！

在这里，我们还要给你一句忠告：烦恼要从小事说起，不要一开始就提大事。我们知道你已经有很多可烦的事情了，但千万别操之过急。记住，通常情况下，我们最想让对方给予的往往也是对方觉得最难以给予的。因此，只有当你的配偶做成了一些容易的事情之后，才可能迎接更大的挑战。

例如，你的烦恼可能是："我觉得我们很久没有在一起共度时光了。"对于你的要求，对方可能会选择一个星期内每天晚上都和你在沙发上依偎至少 15 分钟，且言出必行。满足你的要求可能也会让你的配偶感觉很好，因为你在要求对方的同时，也给予了对方选择的空间。当对方确切知道该怎么做时，那会是一件非常舒心的事情！

履行诺言会在无形中赋予你的配偶一种力量，让他的脉搏中都流淌着能量。在这种情况下，你认为对方还会做什么事情呢？你猜对了，他会去做更多！只要让对方觉得自己做得到，他就会乐此不疲地一做再做。

批评会扼杀你配偶的动力。我们中有很多人都擅长向配偶证明他们有多失败，从而最终导致他们放弃了希望。记住，你要做的是鼓励对方，给予对方力量，而“行为改变要求法”将帮助他做到这一切！它将让你们在不知不觉中就徜徉于充满爱的夫妻空间里。

“行为改变要求法”可以教会你和你的配偶拓展自己。通过接受你的要求并付诸实际行动，你的配偶将获得成长，同时，你也将通过接受对方的给予而获得成长，对于你的配偶来说，这又何尝不是一份礼物呢？

练习7：行为改变要求法

1. 准备工作

(1) 选择一个你和配偶在一起时的烦恼，如果你一时想不起来，可以参照你在练习1中列出来的清单。注意从小事开始，要选择你们两个人都能完成的事情。

(2) 从细节着手，一步一步进行，进而准备提出行为改变要求。

2. 行为改变要求三步曲

步骤1：约定时间

发送方要找接收方事先约定一个时间："我有一个要求想和你谈谈，你有时间吗？"

步骤2：陈述烦恼

发送方要负起发送方的责任，用一个句子(最多两个句子)简单陈述出你的烦恼。下面是一个简单陈述的例子：

发送方：你回家的时间比你承诺的要晚，我很烦恼。

接收方：让我看看我是不是听明白了。我回家的时间比我承诺的要晚，你很烦恼（一字不差地回应发送方所说的话）。我说得对不对？

发送方：对（确认）。

接收方：还有吗？

发送方：你不准时回来，我就会为你担心（此时避免让接收方感觉不堪重负）。

接收方：你是说，我不准时回来，你就会为我担心（再次重复发送方的话），是吗？

发送方：没错（确认）。

接收方：由于我回家比承诺的时间晚，你感到烦恼是可以理解的（确认）。我可以想象得出这让你很难过且生气（移情）。

步骤3：提出要求

一旦接收方对发送方进行了回应、确认和移情，发送方就会觉得自己得到了理解和认可。这时候发送方就可以提出3个要求。发送方要清晰、具体地提出可以帮助自己的3个要求，举例如下：

接收方：接下来你希望我怎么做呢？给我3个选择吧。

发送方：感谢你能这样问我！下面就是我认为可以解决问题的3个方案：

a. 下个月请你每周抽出一个晚上给我做一次背部按摩（或是别的带点浓情蜜意的行为）。

b. 接下来的两个月里，每个月你都要抽出一个周六或周日把早餐给我端到床上来。

c. 你每周都要采购日用品一次，持续1个月。

需要注意的是，尽管4次背部按摩、2次在床上吃早餐或4次采购日用品相对于你的烦恼来说微不足道，但也总算可以让你发泄一下。我们大脑的默认设置是认定负面东西的，因此要抵消这种负面影响，你就得不断地重复积极的东西。也许听起来没逻辑，但我们的大脑就是这样处理事情的。你要相信，用相当剂量的积极事物抵抗消极事物可以训练你的大脑。

3. 每周一练，轮流表达自己的烦恼

你们需要不断练习“行为改变要求法”，且轮流做发送方和接收方。起初要从容易些的烦恼开始，在双方都适应了这一过程之后，则可以摆出更有挑战性的烦恼。不过，一个晚上由一个人来提要求要比由两个人轮流提效果更好。在实际操作过程中，如果你和你的配偶不是为了共度周末或消遣而提前进行密集训练的话，我们建议这周一个人做发送方，下周再换另一个人做发送方。这样做是为了让双方都有机会充分表达自己的烦恼。

接收方可以将已经接受了的要求贴在每天都能看到的墙上，这是一个很好的办法，可以确保自己说到做到。接收方按照要求去做事，这对双方来说都是值得庆祝的！

切记：“行为改变要求法”的每一小步都将赋予你们两人以无穷的力量。有了这种力量，你们将会不断地想去解决更多问题，直到婚姻中所有的问题都得到解决！

Make Marriage Simple

幸福语言 8

成为情绪的主人，你的婚姻便是海阔天空

海 伦

如果你满心期待的伴侣迟迟不归，你会作何反应？面对姗姗来迟的TA，你会选择横眉冷对还是咆哮不止，抑或是先试图平息心中怒气？

大脑中有两个完全不同的区域：应激性的鳄鱼区和善于思考、感觉敏锐的猫头鹰区。处于鳄鱼区时，人们只有两种本能反应：乌龟型人的闭关锁国以及冰雹型人的以牙还牙。

当我们提醒自己让猫头鹰区掌控整个局势，学会将焦点放在可改变的自身身上，翻天覆地的变化早晚会到来！

大脑中的“鳄鱼”和“猫头鹰”

我们神奇的大脑是我们诸多情感和想法的发源地，我们有什么样的感受和想法都由大脑决定。科学家已经对这个神秘而复杂的器官进行了研究和探索，并写出了无数科研论文。你也许会问，大脑科学和一本两性关系的书有什么关系？

大脑可以被分割成两部分：低位脑和高位脑。低位脑常常被认为是大脑的爬行动物区，我们也将其称为“鳄鱼区”，因为它就像鳄鱼一样，具有高度应激性，会本能地做出反应，根本不会对情况进行分析。如果你不小心碰到很烫的炉子，就会很快把手抽回来，这个动作是在你根本没有意识的情况下做出来的，使你免受烫伤之苦的正是低位脑。低位脑的工作性质描述起来很直白：生存。它的存在是为了让自身免遭危险，因此其反应速度快于意识反应。

多数时候，鳄鱼懒洋洋地待在水里，一动不动，很安静，你甚至可能将它误认成一块木头。即使出了水面，它也只是在泥泞的河岸上心满意足地打盹。在这种状态下，它看起来很温和，不会伤害人。谁会害怕这样一只懒洋洋的动物呢？可是，一旦鳄鱼受到了威胁，你就要小心了！

鳄鱼有着长长的锋锐的尖牙和富于力量的甩来甩去的尾巴，伤起人来易如反掌。一只被激怒的鳄鱼所带来的威胁性是不言而喻的。因此你千万不要挑逗配偶的鳄鱼区，尤其是在晚上！毕竟，谁愿意睡在一个浑身疙瘩、长着锋利牙齿的庞然大物旁边？

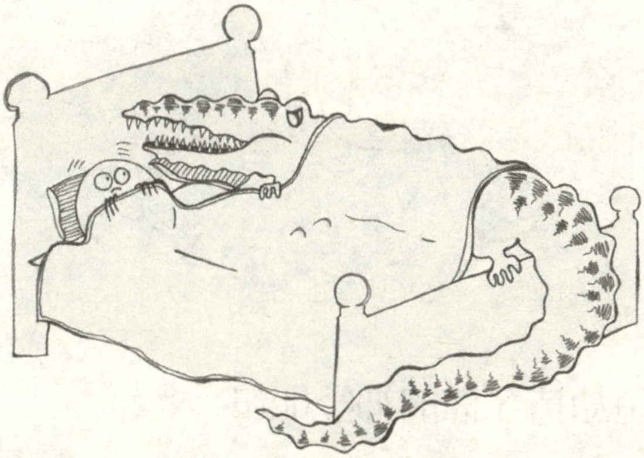

幸运的是，人还有更高级的高位脑。我们将其称为“猫头鹰区”，它可以帮助人控制鳄鱼区。这位有着羽毛的朋友在力量的对决上并非可以胜过鳄鱼，而是它有能力对鳄鱼进行监督，并制订策略。

猫头鹰区是大脑的高级区域，可以进行更有创意和更复杂的思考。它负责记录自身经历，搜集数据，解决问题，而且总在寻找更有效的做事方式。因为猫头鹰区能把高位脑的思维逻辑和记忆与情感反应联系起来，所以它还有助于控制感情。猫头鹰区善于创造出双赢局面，使每个人都可以得到安全快乐的结果。说实话，决定买这本书的就是猫头鹰区！现在，让我们做个总结，大脑中有两个完全不同的区域：应激性的鳄鱼区和善于思考、感觉敏锐的猫头鹰区，你弄明白了吗？

别被鳄鱼劫持了你的神经能量

以下是鳄鱼在日常生活中浮出水面的一个例子。

你为你的配偶精心设计了一个小小的惊喜。对方本该在6点钟回到家里……

转眼间，时间到了6：30，对方不见人影，也没有来电话。于是，你不停地看表，不停地看……接着，时间到了7：15……

"简直是耻辱！何谈尊重！"你变得越来越生气……越来越生气……

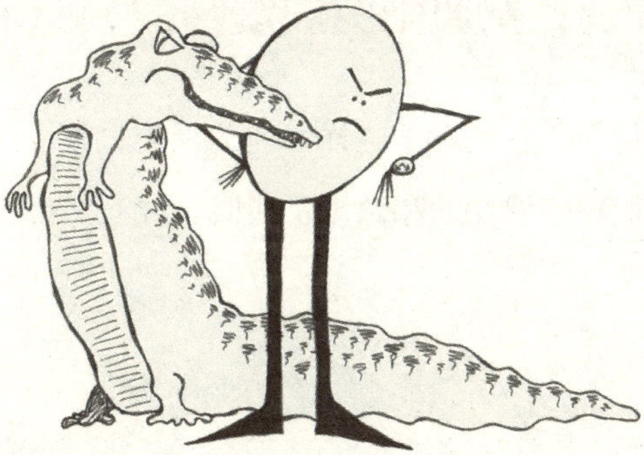

在上面这个例子中，当配偶终于走进家门的时候，处在鳄鱼区的你就会在两种反应中选择一种，至于是哪种，则要取决于你是一个乌龟型人还是一个冰雹型人。处在鳄鱼区的乌龟型人会将脑袋完全缩进去。一旦缩进去，便没有什么东西（除非是炸药包）能让他从壳里面出来。迟到的配偶所面临的将是冷冷的盯视，以及鳄鱼愤怒地扫来扫去的尾巴。

处在鳄鱼区的冰雹型人则会等待时机，将所有的神经末梢都集中于一点：开门的响声。门一开，他就会立刻咆哮起来！回家晚的配偶本来期待着在进门的第一眼看到对方，结果不想却被对方劈头盖脸一阵猛扫，只见鳄鱼龇着牙，一副你死我活的架势！这感觉很糟糕，不是吗？当发生上面这两种情况时，我们就说鳄鱼劫持了你的神经能量。此时，你的低位脑受到了强烈刺激，暂时无法到达高位脑，因此完全失去了从容不迫处理问题的能力。

当人处于鳄鱼区的时候，只有两种本能反应，要么是乌龟型人的闭关锁国，要么是冰雹型人的以牙还牙，再没有其他的选择。等到与高位脑的联接恢复的时候，我们也许会说："对不起，我失去理智了。"其实这话说得不无道理。在那一刻，我们确实与大脑中更高级、善于解决问题的部分失去了联系。

与猫头鹰为友，暴风雨变浪漫约会

你也许会觉得，自己对于这样本能的反应根本无法控制。其实你是可以的！在和配偶互动和做出反应时，你有能力选择动用大脑的哪一部分。

首先，当你因为配偶所说的话和所做的事而感到难过的时候，停下来做一个选择可以让你的反应更加从容不迫，也可以避免造成冲突或使冲突延续。其次，这种选择能力有助于你在做事和说话的时候避免将对方逼入绝境。换句话说，你可以选择一种让对方的鳄鱼躺下来睡觉的方式。

现在我们再回到前面举的那个例子，让我们回到那个对于你来说算是倒霉的夜晚：你精心为配偶设计了一个小小的惊喜，而你的配偶却迟到了。想一下，如果你没有屈服于鳄鱼区的控制，而是提醒自己要让猫头鹰区掌控整个局势，又会出现什么样的情况呢？信不信由你，只要一个小小的举动就可以阻止鳄鱼区控制全局。虽然这简单得让人难以相信，但事实确实如此。我们并不是说选择从猫头鹰区看待事物就可以清除所有的烦恼，而是说这种方法可以防止你一头扎进鳄鱼区，而非战即逃的反应模式。

你可以尝试不去追究对方迟到的原因，同时产生对方为什么会这样的好奇心！你甚至还能回想起一些细节来解释他为什么会晚回家。记住，随着愤怒和心烦意乱的消失，你会越来越好奇。

你不妨花些时间想想，你目前所面对的烦恼和记忆中的童年经历有何关系。你的父母是不是也常常迟到？当你给他们礼物或者为他们做了些什么特别事情的时候，他们是否让你失望过？思考目前的烦恼与过去的关系有助于让你明白，和配偶在一起时的 90% 的问题其实都和我们的童年有关。如果你对于配偶迟到所设想出的种种理由并未如愿地控制住鳄鱼，那么你就要提醒自己：你的配偶并不知道你要给他一个惊喜，因此可以排除对方有意为之的可能性。和配偶在一起时你也有过做得不太好的时候，而对方却充满爱意和理解地对待你，这些都可以想想。

在这个关头，你一定不要闲下来，要稳住还没有完全苏醒的鳄鱼。猫头鹰也许会建议你在电视机前休息一下，毕竟这个时候看你上周刻录的电视剧是个很不错的选择，因为你的配偶不喜欢看。你也可以听听最喜欢的音乐，甚至可以播放结婚时的录像带，或翻出你们度蜜月时的照片。

如果你依然余怒未消，还可以到外面快步行走，锻炼真的可以安抚鳄鱼。这样一来，当你的配偶走进家门时，迎接他的就不会是劈头盖脸的“你究竟跑到哪里去了”之类的质问。你可以这样说：“哇，我盼着你今晚 6 点就到家的，我甚至计划了一个小小的惊喜。我有点担心，你没事吧？发生什么事情了？”如果对方进行解释，你就要接着用“让我看看我是不是听懂了”的句式对他进行回应。回应如同抚摸鳄鱼的肚皮，进一步让这个庞然大物情绪稳定下来。当然，你也没有必要采用过于正式的回应。这是一种非常有用的方法，可以让你和你的配偶都冷静下来。

只有当你的心情平静下来了，你才有可能真正对你的配偶所说的话进行确认和移情。你也许会发现对方是因为事发紧急而忘记了时间，或者是你们两人之间的交流出了问题。一旦你意识到，在对方的立场上对方的所做和所感都是可以理解的，你的拓展就到家了。

你的配偶没被鳄鱼尾巴当头打中，相反，他所说的话都得到了回应，确认和移情。你还可以和对方分享这件事如何让你想起了童年。你的配偶可能会说，你费了那么大心思想给我一个惊喜，原以为我会按时回来，结果却经历了这些，你该多么难过！

终于，你的配偶道歉了。你接受了他的道歉。接着，你们拥抱，共享美味晚餐（当然还需要加热一下）。这一切真是皆大欢喜。或许在对方的提议下，你们甚至还会共同制订下次浪漫约会的计划呢。

祝贺你们！你们已经驶过满是鳄鱼的水域，你们两人脑海中可怕的巨兽在整个过程中都睡得安安稳稳。现在你终于知道，当对方说了或做了刺激你的鳄鱼的事情，你可以选择以沟通作为回应，而不是选择破坏沟通。

和猫头鹰保持一致在和配偶谈话时也可以派上用场。当你提出一个你关注的话题，或者在你采取明知会触动对方过去回忆的行为之前，请这样问自己：我要做或要谈的这件事会不会唤醒对方的鳄鱼？

记住，你无法控制本能的想法，但你可以在猫头鹰的帮助下控制你有意识的行为！当然，鳄鱼区也不是一无是处，它毕竟是大脑的重要区域，我们并不想把这一区域去除，否则将使我们更容易遭受真正的危险。我们需要鳄鱼区唤醒我们的本能，我们需要猫头鹰区帮助管理和控制鳄鱼区。

幸运的是，你还可以选择控制你自己

对我来说，了解到人脑分为两部分对我用处很大。和哈维尔在一起时，我并不想成为一只爱发牢骚的鳄鱼，当然也不愿意和这样的人在一起。因此，当我发现可以选择的时候，我就会尽力让自己待在猫头鹰起掌控作用的高位脑。单单是这种意识对我们的婚姻所产生的影响，就非常神奇了！

当然，这都需要练习。在读这本书之前，你没有选择，现在你可以选择了，而且我们还为你提供了能助你一臂之力的各种方法。记住，我们无法控制他人，我们唯一能控制的是我们自己：我们的想法、回应、行动和反应。了解到这些，我们就可以把精力集中在我们能改变的自身身上，同时防止把精力集中在我们不能改变的配偶身上。在猫头鹰和鳄鱼之间做出选择，是我们承担起个人责任的关键。一旦你学会这一点，你们的婚姻就会发生翻天覆地的变化！

练习8：训练大脑

1. 深呼吸，全方位想象你的配偶

(1) 做本练习需要10~15分钟。找一个安静、不受打扰的地方，舒舒服服地坐在椅子上，闭上眼睛，用5分钟的时间把精力集中在呼吸上，并默数呼吸次数（可以用手机闹铃定时）。如果数错了，从头再来。要坚持数下去，直到定时结束。

(2) 现在想想配偶让你恼火的地方。一直想着这个，并坚持2个深呼吸的时间。然后抛弃这想法，接着想想配偶让你爱慕的地方。一直想着这个，并坚持5个深呼吸的时间。重复以上动作5分钟。

(3) 现在想象一下你的配偶。想想结婚那天他的样子，想想对方难过时的样子，或你为对方深感自豪的时刻。让这种画面在脑海中停留，同时大声说："我的配偶是人，和我没有差别，他努力过，犯过错，有过痛苦，想要有人来爱。"然后充满爱意地想着对方。

2. 坚持练习，与猫头鹰为友

在每天的欣赏仪式之后再加上这个练习，反复做。练习需要达到的目标是：你可以轻易地进入这样一种冥想状态。这样可以使你在倾听配偶倾诉烦恼的时候，与猫头鹰为友，感觉如沐春风。

切记：你有重构自己大脑的能力。构建伴侣婚姻可以切实地改变你大脑的化学组成，并创造出新的神经通道来帮助你达成目标。

Make Marriage Simple

幸福语言 9

婚姻不必那么累，开开心心才是爱

哈维尔

你是否理所当然地认为，尽管你没有说，TA 也应该知道你心里在想什么？你是否自认为自己比 TA 更了解 TA 自己，对 TA 的需要了如指掌？

婚姻的终极目的是两人共度美好时光、体验快乐。可是，如果我们不能心平气和地沟通，又如何能够快乐呢？关爱行为练习是通往真爱的终极配方，通过互相询问、倾听并满足彼此的需求，我们将切身感受对方的关心，并获得真正的快乐。

婚姻的终极目的是共度快乐时光

即便是最完美的婚姻也有极其严重的问题，让我们直面这个现实吧。不过，仅仅是意识到了问题的严重性还不足以解决问题。学会何时轻装上阵是一种艺术。很多夫妇为了婚姻不辞辛苦，结果却忘记了婚姻的终极目的是两个人共度快乐时光。

富有智慧、幽默感，善于讲笑话，这对双方能幸福地生活在一起至关重要。对于婚姻的经营高手来说，即便是难缠的问题，也能手到病除，同时还能引入一种心态，使问题得到令双方都满意的解决。

毕竟，人生不等同于工作，不等同于我们知道什么或认识谁，也不等同于我们拥有多少东西。这些都不能让我们获得幸福。人生与我们内心深处的渴望有关，与夫妻关系的健康程度有关。

我们的内心深处都渴望快乐，这是我们最原始的本性，从我们出生的那一刻起就伴随着我们。

鸟有鸟群，狗有狗帮，马有马队，而人生来就渴望沟通。

沟通和快乐就像同一枚硬币的两面，如果你不能心平气和地沟通，就不可能体验到快乐。

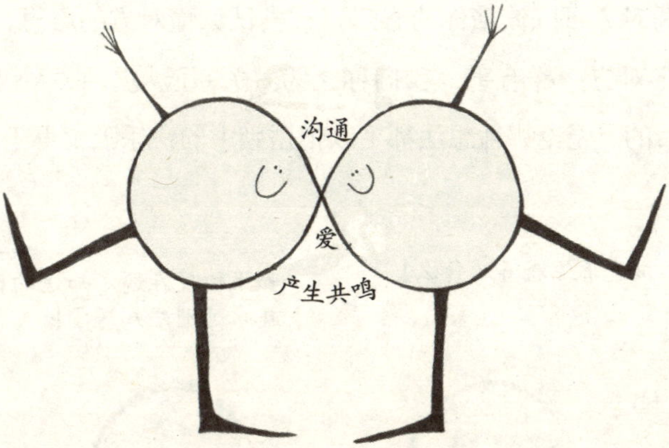

我们渴望沟通！

小心摧毁幸福的“关系险境”

我们深信，每个人都有权生活在这种与生俱来的充满幸福感的快乐中。不过，在飞奔进入这种幸福之前，你必须想清楚一种情况，这种情况必定会毁掉原本属于你们的幸福。

想一想，你是否曾对配偶说过诸如下面这样的话（或私下里想过）：

“如果我的爱人真心爱我，他就该知道我想要什么……”

“我们在一起都超过12年了，他怎么能不知道……”

无论你们在一起生活了2个月还是20年，这些都不重要。如果你们在婚姻中挣扎，很有可能是因为你们：

1. 期望对方知道你的感受，你想要什么和需要什么（尽管你从未告诉过对方）；

2. 设想自己知道对方的感受和需要(尽管你从未问过对方)。

认为对方可以读懂你的心思，或尝试读懂对方的心思，这些做法和否定对方一样有害，我们称之为“关系险境”。关系险境对婚姻是致命的。无论哪种想法都足以把婚姻中的快乐吸食得干干净净。

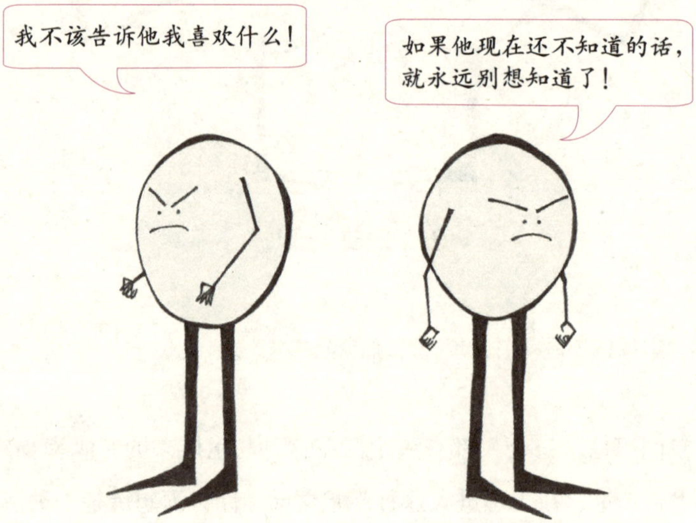

当你期望、设想和要求的时候，你会让对方觉得自己成了一个物体。你让对方得到的信息是：“你的存在只是为了满足我的需求。”

爱的终极配方

如果读心术、期望和设想都不应该有，我们又该怎么做呢？答案是，询问对方。你需要询问（而不是设想）配偶什么能给他带来快乐，然后认真倾听他所说的话，并尽可能满足他的需求。反过来，你的配偶也需要为你做同样的事情。

这就指引我们进入关爱行为练习。该练习可以让你和配偶有机会分享充满关爱的一些事情：你想让对方为你做但却没有说出口的事情；你希望配偶可以猜到的事情；你指责配偶没有做到的事情（把配偶已经在做的让你感觉受到关爱的事情加入进来，效果会更好）。

你始终指责对方没有对这一切明察秋毫，但实际上让对方知道你的想法是你的责任。毕竟，每个人感受爱的方式都不同。关爱行为可以是早上起床前给你端一杯咖啡，也可以是每隔一周就给你一段不受打扰的时间，好让你把家里修整一下，对某个人来说可能是背部按摩，换个人则可能是偶尔出去痛痛快快地玩一次。

我曾经为一对陷在关爱行为练习中不能自拔的夫妇做过咨询。这种情况很少发生，因为在我们的培训班上，关爱行为练习通常都是在夫妇双方真正放松和喜欢彼此的时候才进行的，于是我问他们出了什么问题。

“哦，”女方说，“我总是有种幻想……”

“可她就是不愿意告诉我。”她的丈夫说。

“这是有关我们在床上做的事情。”她承认。

我鼓励她告诉他，可是她真的很难说出口。终于她示意我弯腰，小声地在我的耳边说了出来。

“这没有什么错，”我确定地对她说，“我认为他听到这个想法会很高兴的。”

于是她深吸一口气，直直地看着她的配偶，说：“在床上的时候，我一直以来都想让你吮吸我的大脚趾。”

结果，丈夫的脸上泛起开心的笑容，说：“当然可以！”

亲眼见证一对深爱的夫妇加深沟通，那种场景真是令人难以置信。然而，如果你保持沉默的话，神奇的场面就不会出现，你们需要告诉对方自己有哪些需求。

以我和海伦为例，她过去曾认为，既然我喜欢《星际迷航》，我就会喜欢所有和《星际迷航》相关的东西。于是她不断出乎意料地给我买来钢笔、水杯、浴巾和T恤衫……但凡上面有《星际迷航》的标志，她都绝对会给我买回来。

每次我们一起做关爱行为练习的时候，我都想告诉她我真正想要的是什么，可我不想伤害她。终于有一天，我意识到自己必须果断采取行动了，于是，在我们共享关爱行为的某个晚上，我尽可能用平和的语气对她说："海伦，这周你给我买来《星际迷航》的浴巾，我很感激你为我花费的心思，可是这并不能让我感觉受到关爱。我想要的只是在看这部电视剧时你不要时不时地打扰我。"

"哦！是这样啊！"她惊叫起来，接着又笑道，"天呐，哈维尔，你真是个可怜的人，世界上凡是与《星际迷航》有关的物品你都有了，可这些却不是你想要的。"

我立刻意识到，害怕伤害她的担心是多余的。海伦所需要的就是知道我真正想要的是什么。她不仅没有难过，还对我终于袒露心扉而感到高兴。得到这个新信息后，她非常激动，因为她知道将来可以怎样更好地照顾我了。

从那天起，海伦就不再给我买《星际迷航》的物品了。接下来她所做的一切都让我深受感动。当我专门抽出时间看《星际迷航》的时候，她就会在开始之前悄悄进入房间，先是放下一盘爆米花和自制柠檬水，接着拍松一个舒服的枕头，充满爱意地塞在我的脑后，然后给我一个甜蜜的吻，最后自行离开，让我一个人看片子。而且只要我一直在里面看，她就绝对不会打扰我。那真是天堂般的感觉！所以，一定要让你的配偶知道你心里到底想要什么！

每隔两个月，你和你的配偶就该花30分钟时间把你们的关爱行为记到纸上，然后张贴在你们每天都能看见的地方。你们甚至可以用对话的方式共同分享这些关爱行为。你们要求的行为中有些是比较容易做到的，有些则可能不那么容易做到。你要选择那些感觉能做到的事情经常做，这样你就能看见对方的快乐将不断绽放。

我们的核心观点是，关爱行为是送给对方的礼物。不过，可别就此而错误地认为关爱行为只是肤浅的娱乐。你需要知道，为对方花费心思可以慢慢修复他受伤的心。除此之外，要求对方为你做你想要的事情也可以让你走出总是被迫接受的地位，其见效速度之快是本书中任何方法都无法比拟的。而且，关爱对方的时候你也会感到快乐！

关爱行为练习还有助于训练你的大脑。找到心仪礼物的感觉对我们来说并不陌生，简直就是高兴到了极点，对吗？关爱行为同样也会给人带来这种感觉。当你为配偶奉上关爱时，你往往会感觉接受礼物的是你自己。这是因为，鳄鱼区并不能分清楚送人礼物和自己送自己礼物的区别。

如同你们婚姻中的空气清新剂，关爱行为可以散发出令人振奋的芳香，让人感到轻松、快乐。

如果你想做更多，你还可以从配偶平常随意提起的一些想法中找寻灵感，也许是给车换油，也许是发展一种新爱好，也许是放一天假不用照看孩子。你要随时留意对方的随意性想法，这样你每个月都可以给他一个惊喜。

举例来说，海伦工作真的非常努力，有时候甚至忙得忘了照顾自己。有一天在我们一起去办公室的路上，海伦无不向往地提到自己都已经好长时间没做瑜伽了。她的行程通常都安排得很满，当我看她的日历时，发现她在下周有一个半小时的空档，于是我想在这个时间给她一个惊喜。我找来一位愿意上门的教练，在那个空档里指导她练习瑜伽。海伦感到很高兴。

记住对方不经意间说出的话往往能传递出强烈的信息："我关心着你。你说出来的梦想我都听得真真切切，你对我真的很重要，每一天，每一刻。"

让"爱的荷尔蒙"弥漫于婚姻之中

很多科学知识都可以解释快乐的重要性。快乐能刺激你的大脑产生并释放出更多的神经化学物质，而这种物质可以让你感到幸福，并产生联结感。换句话说，快乐能让大脑产生更多的快乐。催产素是大脑产生出的化学物质之一，其准确的叫法是"爱的荷尔蒙"，也叫"关系荷尔蒙"，负责母子纽带的形成。

男人也会产生催产素。这种化学物质不仅能让人柔情满怀，还被证明能够帮助人们减少压力，增强免疫力，降低血压以及心脏病发作的风险。

仅仅是和配偶快乐地在一起就有着如此具体和广泛的影响，这让人感觉很神奇。也许所有的事情中最让人难以置信的是，就像我们可以选择待在猫头鹰区而不是退而求其次进入与人为敌的鳄鱼地盘一样，我们同样可以选择快乐，选择与配偶幸福快乐地生活在一起。没错，我的生活我做主！

要想与配偶快乐地生活，我们只需要分享关爱行为，在婚姻中引入笑声、拥抱，并让卧室充满欢笑，就可以了。

当然，在婚姻中引入笑声对你们来说也许并没有我们所说的那样简单，说实话，至少对我们两个来说可一点儿也不简单。海伦和我都属于木讷一族，我们的快乐细胞早已损坏，且缺乏幽默感。如果你觉得我们是在故意说笑，那只能是我们为之努力的结果，如果你觉得我们的确就是属于木讷一族，也请不要责怪我们，我们依然在努力。

当我们意识到应该在共同的生活中添加更多的快乐和轻松感，便立刻开始着手，讲笑话给对方听，观看《大卫·莱特曼深夜秀》，还租来滑稽电影一起看。有天晚上我们戴着格鲁乔·马克思(1890－1977，美国喜剧演员与电影明星，以机智问答及比喻闻名，其个人特色十分显著：显眼的胡须、眉毛以及眼镜。——译者注)式的眼镜，吃饭的时候也没有摘下。那种傻乎乎的样子对我们来说可是非常少有的，那天的晚饭可真是一个大突破！

根本看不出有什么乐子

我们的另一种方法是捧腹大笑助跑练习。在这个练习中，两人要面对面，张开嘴“哈，哈，哈”，同时上蹦下跳。听到这里你也许会翻起白眼。是的，这种练习傻傻的，但我们要的就是这种效果。

记住，大笑与戒备是不可能同时存在。实际上，乌龟、冰雹、鳄鱼都不是天生就能找到乐子的。和做对话练习一样，第一次做出这种引发快乐的举动会让人感觉不自在。我和海伦带着格鲁乔·马克思式的眼镜时也觉得傻傻的（再说一遍，我们要的就是这种效果），孩子们在身边的时候我们都不敢这样，因为在他们眼里我们两个已经够怪了！

然而，你要记住的是，这种让你不自在的感觉并非不好，它意味着你在成长。不要忘了伸展运动的原理，正是这些让你不舒服的举动会给你带来快乐。走出舒适地带，美好的婚姻就在前方等待着你。如果你还是觉得傻傻的，或拿不定主意，可以这样给自己鼓劲：我是在成长，我在学习一种新的做事方法，把应得的快乐拿回来！

练习9：引入快乐

1. 列出关爱行为清单

(1) 把你觉得最有爱的行为列出来。你可以列出埋藏在心底的愿望，而这些愿望你希望不说对方也能知道。你也可以列出你的配偶已经做到的事，注意要强调好的方面，最好是他能够坚持做下去的事情。

(2) 把清单贴在你每天都能看见的地方，比如浴室的镜子旁或冰箱上。

2. 选择适合自己的关爱行为，持续练习

你们互相要求对方做的事情当中，有些对彼此来说会很合适，而有些则不是。你们要选择那些可以完成的或想想就能让你们激动的事情去做。每隔两个月，你和你的伴侣就要花30分钟的时间往清单上添加东西。在分享关爱的时候，你们甚至可以配合对话练习。

切记： 你的配偶渴望成为你的英雄。通常，你要做的只是让他意识到该怎么做（“哦亲爱的，原来你喜欢我这么做！”）。

Make Marriage Simple

幸福语言10

举行一场庆典，幸福生活就从这里开始

哈维尔

合得来就过，合不来就离，在这个闪婚闪离的速食时代，离婚能解决所有的问题吗？你知道仅仅是结婚就能为我们带来诸多好处吗？

事实证明，婚姻能让人身心更健康，养育的孩子更能健康成长，家庭经济更有保障，甚至卧室生活更性福……如果你依然期待伴侣能有所改变，就请朝着你希望的方向不断改变自己吧。爱会传染，你们的婚姻终有一天会变成你梦想中的模样！

正如大家所知，我很喜欢看《星际迷航》。我们曾告诉大家不要倾泻过多话语让对方产生被淹没的感觉，海伦也同样告诉我不要见人就说《星际迷航》。不过，正是《星际迷航》在很久以前播下了一粒种子，结果长成了陪伴我一生的美景，而这个美景就是我在这章想与大家分享的。

《星际迷航》中的瓦肯星人斯波克先生是我非常喜欢的人物。我心中的乌龟倾向使我欣赏他在最具挑战性的环境中保持冷静的理智和能力。

虽然乌龟型人很多时候似乎都是一副“事不关己，高高挂起”的样子，但这种人真的很有深度，也很会关心人（我这么说绝不是因为我本人是乌龟型人）。

一直以来，斯波克的临别祝福总是不断地激励着我：“生生不息，繁荣昌盛，让平和永驻你们的土地。”从我和海伦一起工作算起，这个祝福总结了我们做这一切的所有原因，海伦也对此深表同意（这证明她真的对我的兴趣“好奇起来”）。

我和海伦在这个世界上最想做的就是帮助夫妇们“生生不息，繁荣昌盛”。我们知道这样做有助于大家过得幸福美满，富有成就，而且也因为我们知道这是“让平和永驻心田”的最好方法。

从一开始，我和海伦就相信：健康的婚姻对个人乃至整个社会都有很多好处，只是苦于无法用事实来证明。于是我们开始搜集统计数据。多年以来，我们不断有新的发现证明我们当初的直觉是正确的。

用健康的关系为“婚姻优势”助跑

在引言中我们谈论了传统的老式婚姻：一个人统治，另一个人服从。在很多文化当中（包括我们的文化在内），家里都是丈夫处于掌控地位，妻子的想法和需要只能屈居第二。长期以来，这种婚姻似乎并没有什么问题，直到 20 世纪六七十年代，女性开始质疑这种婚姻模式是否对自己有利。于是，伴侣婚姻开始在挣扎中等待着破茧而出，可在那个时候，人们还没有掌握经营这种新型婚姻的技巧，因此曾被视为禁忌的离婚开始慢慢地被接受。后来，治疗师、理论家和各科医生都开始断言，无论是对于有冲突的夫妇，还是对孩子来说，离婚都是最佳选择。我和海伦都曾离过婚，但事实是，如果我们在第一次婚姻中就掌握了我们现有的方法，我们两个都不会离婚。

由于目前还有很多夫妻没能掌握为婚姻疗伤的技巧，已婚人士中仍有一半的人选择了离婚。然而走出围城并不能万事大吉，将近一半经历了离婚的美国家庭都会陷入贫困。而且，如果父母离婚，他们的子女在未来离婚的几率也会加倍！我们认为，这种循环对所有被牵涉的各方都有着破坏性。

不过好消息是我们开始意识到婚姻的诸多好处。在过去的50年里，科学家们一直在用事实证明所谓的“婚姻优势”。为什么这么说呢？因为总的来说，已婚者往往更健康，活得更长久，享受更高收入，养育的孩子也更健康……而且，该优势适用于所有婚姻，与婚姻的幸福与否无关。

如果仅仅结婚就能有这么多好处，那么请你想象一下健康的婚

姻又能带来什么？它会大大增加婚姻优势，同时创建出你梦想中的伴侣婚姻。这实在是一个极大的激励，鼓励人们掌握技巧，为自己的婚姻助跑。接下来我们就要谈谈婚姻是怎样影响生活中最重要的几个方面的……

身心愉悦，活得更健康

我们先从健康说起。已婚者得肺炎、做手术、患癌症或心脏病的几率更小。一句简简单单的“我愿意”就可以保护你的健康，帮你减少医疗费，这真是不可思议！

是的，自从说了“我愿意”之后，我只做过常规体检

如果这些发现还不足以吸引眼球，不妨再想一下健康的婚姻又会给人带来什么。研究表明，我们的大脑在与其他大脑相互作用时能得到最好的学习和成长。换句话说，我们生来就要生活在与他人的关系中。如果我们最主要的人际关系是健康的，所产生的亲密感就会释放出大量的催产素，而这种有趣的“爱的荷尔蒙”已被证明

对健康有着很广泛的有利影响。你将不仅从婚姻本身得到好处，也将从你们共同培养的感情和精神整体中获得极大的愉悦。

营造有爱家庭，孩子健康成长

有孩子的人都知道，作为父母，我们凡事都喜欢操心。孩子吃得好吗？有很好的朋友吗？功课好吗？我们操心是因为我们希望孩子长大后可以成为快乐和自力更生的大人。

你猜怎么着？父母没有离婚的孩子在学业上更容易取得成功，情绪更稳定，而且更容易承担起领导的角色，此外，他们吸毒和自杀的几率也更低，而所有这一切都得益于父母结婚时的一句“我愿意”。

那么，在健康婚姻下成长的孩子们又能得到什么呢？在这种婚姻中，你与你的配偶会率先示范，真心尊重彼此，共同承担责任，创造满意的生活。显然，生活在这种环境下的孩子在长大后必会懂得如何“生生不息，繁荣昌盛”。

这可真是买一送一的大优惠！一方面，你与配偶创造出伴侣婚姻，另一方面，孩子也能在其中健康、茁壮地成长。营造出真正有爱的家庭，这是你能为孩子做的最重要的事情。你的孩子定会照单全收的。现在，干脆把你们家中成堆的家教书全都扔了吧！

经济有保障，更能享受幸福生活

现在，我们再来说说钱的话题。离过婚的人都知道，离婚在经济上有多不合算。这笔账不难算：原本是两个人支撑一个家，现在则要支撑两个。双方的生活水准都在急剧下降。

婚姻中人不仅不用为离婚付出代价，还可以积累更多的财富。一般来说，已婚家庭的收入平均是单身人士的 2 倍，而净收入则是 4 倍。

家庭收入的翻倍会让人过上不同的生活：只要靠一个人的收入就足够两个人过日子（甚至还花不完），且不至于透支信用卡。多出来的收入还可以用来旅游、修车（甚至买辆新车），帮助孩子们完成学业而不用欠债（或者根本就不用借债），增加退休储蓄。这一切都意味着，你的家庭有更多的保障和选择。

虽然健康的婚姻不能自动产生大量进账，却可以促使夫妇双方更好地寻求双赢的解决方法。你们为钱而争吵的次数更少，也就意味着你们享受彼此的时候更多。除了常见的夫妇享受方式之外，你们还可以通过对话练习赞美彼此，或者在愉悦的氛围下与对方分享一些让你感觉尤其有爱的举动。这就是我们所倡导的良性循环！

注入激情，卧室生活更甜蜜

下面这个发现可是一个不小的惊喜。研究结果表明，比起单身、离婚或同居的个体，婚姻中人的性生活次数更多，且性生活的质量也更高。

长久以来的神秘被揭开，你对此有何看法呢？要知道大多数人都认为，一旦走进围城，性就成了名存实亡的摆设，而当两个人处在思想或身体没有合二为一的干枯期时，很自然地就会觉得围城外到处是春意盎然。

因此，如果你觉得每个人都有所得而你却没有的时候，就要加把劲了！为了营造美好的婚姻，你需要注入激情。激情有助于你和配偶展现出各自的梦想（包括对床事的一些想法）。真正的爱构建于两个人之间，亲密感也是如此。心理学家认为，最重要的性器官是大脑。因此，你要专注于训练你的大脑，它将释放出“爱的荷尔蒙”催产素，让人生出缠绵的想法、感觉和行为。

“哇！这谁知道啊？！”

握紧手中的幸福，用行动感染身边的TA

让人感到出乎预料的是，婚姻的诸多好处竟在多数平凡的婚姻中体现。我们认为这是由于人们很难对幸福婚姻进行量化。不过，我们也知道火药味浓的婚姻会导致人的免疫力降低，抑郁的可能性增加。另外，最近的一项研究还表明，充满压力的婚姻对心脏的负面影响不亚于经常性吸烟的习惯。

根据上面的结论我们认为，给人的生活带来如此多好处的或许还是稳固的婚姻，在构建健康、稳固婚姻的过程中，所有负面影响都将自然消失。

因此，为什么不去掘金呢？相信有这本书在你手上，构建梦想婚姻就会前所未有的简单。当然，事情不会永远都一帆风顺，这需要你每天都坚持。不过，能得到如此回报，付出一点努力，抛开所谓的“我没错”，难道不值得吗？

我还想和大家分享一个故事。这个故事不是关于我和海伦的，而是有关我们培训班上的一对夫妇。他们刚来找我们的时候正深陷权力斗争之中不可自拔，甚至已经提交了离婚申请。

女方随时都会爆炸，面对她的愤怒，男方显得非常被动。当时我们心里就不由在想：“哈哈，冰雹遇见了乌龟。真是天作之合！”他们能有所突破吗？

一开始，他们之间的对话并不顺利。女方握掌成拳，简直就是在吼，而男方则一言不发，生着闷气，往壳里缩得更深。第一天的多数时候我们都在想他们能否坚持完这个周末。

可到了第二天，他们在对话练习上就开始有真正的进展了。很快，双方都觉得有了安全感，可以放下防御了。我们看着他们的怒气渐渐烟消云散，并重新表现出曾经一直给予对方的爱意与关心。

在诊疗结束时，夫妇们都要分享一下自己的看法。这对夫妇站了起来，丈夫举着他们的离婚材料，郑重其事地撕得粉碎，然后泪眼蒙胧，声音哽咽地庄严宣布：“和我一起来的是我最大的死敌，而即将和我一起离去的是我最好的朋友。”

这只是其中的一个例子。我们见过很多夫妇，他们都赞同我们的想法，并努力付诸实施，最终他们的婚姻发生了巨大的转变。能亲身见证这一切，我们感到不胜荣幸。

因此，不要再置身度外，在看这本书的同时，你要持续盼望你的配偶能换个模样。记住，要朝着你希望看见的方向改变自己。想得到对方的爱意，就要率先示范给对方看。

行动起来吧，你的配偶早晚会加入进来的。安全感会传染，笑声会传染，轻松愉快会传染，爱同样也会传染。

爱会传染！

你们练习的次数越多，你们的婚姻就会越稳固，直到有一天你们将达到情感交融，那时候再也没有人能把你们分开了。

庆祝一下，重新向伴侣宣誓

如今，我和海伦已经到达情感交融的乐土。我们是如此幸福，真想站在纽约最高的大厦上，大声告诉世人（是的，连我这个乌龟型人都有这种感觉）。

不过我们并没有大声向世人宣告，而是设计出了一个重温誓言的仪式，并决定举行盛大聚会进行庆祝。这本不是我们的惯常风格。我这种人更倾向于在家做饭，用纸盘子盛了在后院享受，可是，伴侣婚姻会引领你走向未知的领域。

拿起这本书，你们就已经大胆进入了“少有夫妇走过的区域”。你们愿意付出艰苦的努力拓展自己，我们认为这很值得庆祝，庆祝你们从新的认识出发，重新向对方做出承诺。你们一起了解到这些，就拥有了“生生不息，繁荣昌盛”所需要的一切。不用担心，你们没必要邀请所有认识的人都参加盛大庆典，或走出家门，去华盛顿游行。要用最适合你们的方式重新向对方宣誓，那一刻，真的很美好！

练习10：婚后重新宣誓

1. 写出对彼此的承诺，互相分享

(1) 把你今天想对配偶说的誓言写下来。写的时候，不妨回想一下你们为了营造真爱所走过的路。当你们走出浪漫爱情的错觉，且不再有权力斗争，现在的你想要对配偶承诺什么呢？

(2) 你们各自写完之后，要互相分享。你们可以穿着舒适的家居服坐在床上，在写完后立刻进行分享；也可以稍等一下，在宣誓仪式上当着家人和朋友的面分享（也可以两次都分享）。

2. 计划宣誓仪式，持续付诸行动

(1) 彼此计划一下重新宣誓的方式和营造真爱的旅程。做到这些有很多方式：

a. 举行真真切切的婚后宣誓仪式。

b. 抛开仪式，仅仅举行一个盛大聚会。

c. 周末或抽出一周时间进行第二次浪漫蜜月旅行，在苹果园里或在海滩上分享彼此的誓言。

d. 做有创意而匪夷所思的事情，比如进行特技跳伞或热气球运动。要做一些你们两个都想做但却从未真正做过的事，你们可以租哈雷 - 戴维森（Harley-Davidson）

摩托车参加公路赛车，到富有异国风情的地方旅行，去大峡谷远足，大峡谷远足，或宿营一周等。

(2) 将誓言付诸行动，化为激励，继续构建梦想婚姻。

切记：要朝着你希望看见的方向不断改变自己。

后 记

让我们携手共创
健康美好的伴侣婚姻时代

我们写这本书是为了和大家分享我们的研究成果，目的是让大家掌握最简单、最有效的方法，让婚姻美好起来。我们给出了让婚姻幸福的10种语言，告诉大家什么能使婚姻美好，而什么不能让婚姻变得美好，希望这些能改变大家对婚姻的看法。每种语言都是一个真理，它告诉大家创建成功婚姻需要做些什么，旨在改变大家的观念。现在，我们想让大家进行一次最大的飞跃。

你买这本书也许是为了给婚姻带来新的活力。你想的一点儿没错，但我们还能给你带来更多。

和谐婚姻，让世界更美好

我们已经和大家分享了婚姻对说了“我愿意”的两个人所带来的影响。有人会很好奇，想知道健康婚姻是否能带来更多益处。

现在，我们就要和大家分享一些重要的信息，谈谈婚姻对我们的社会又有什么影响。

先让我们想象一下这些报纸头条：

经济学家预测未来5年将终结全球贫困；

CEO拟提高员工工资，共享财富；

心脏病患者正在下降；

全国犯罪率持续下降，导致更多监狱关闭。

这些戏剧性的神奇转变可能是由什么引起的？也许就是从人们选择将评判变为好奇的那一刻开始的。接下来，人们会喜欢上好奇的感觉，开始有意识地放弃否定，学会将心比心，尊重彼此的独特之处，用更加尊重的方式进行谈话。换句话说，促使这一切成为可能的，正是婚姻中夫妻双方开始践行一些重要的新关系处理技巧，因为不断践行，使他们同周围世界的感知和互动方式都发生了转变。

婚姻的5个终极真理

在本书中，我们特别对你们在婚姻中所要做的工作进行了提炼，并尽量简化。不过“简单”并不意味着“容易”。我们非常清楚这项工作很具有挑战性，因此，我们在这里也想和大家分享值得这样做下去的诸多理由。

正如我们在前文中明确提到的，离婚对于破碎的家庭来说代价是相当沉重的。其实，离婚的代价远远不止那些。据估计，离婚的平均费用在美国从1.5万美元到3万美元不等。离婚和非婚养育子女每年大约花费美国纳税人1120亿美元，而在过去的10年里，至少花费了 1 万亿美元。承担这些费用的各种机构都是由纳税人供养的。

据报道，即便稳固婚姻的数量只有少量增加，也可以给纳税人带来巨大的回报。如果离婚率降低 1%，每年就可以节省纳税人 11.2 亿美元。离婚率仅降低 1%，政府每年就可以把多出来的 10 亿用在别的事情上。这对于减少赤字会有很大的作用，而且这仅仅通过提高婚姻质量就可以实现！

婚姻并非处处都能显神威。女权主义领军人物葛罗利亚·史坦能替很多女性代言，她说在 20 世纪 70 年代，在统治—服从型的传统婚姻中，婚姻对女性来说是个危险的东西，因此，为了让自身变得强大起来，有些女性需要走出家庭，还有一些必须走出婚姻。

而伴侣婚姻能够改变所有状况。一旦两个人学会在婚姻中有意识地相处，婚姻就可以帮助女性发出最响亮的声音，并拥有最深层的智慧。在这种充满尊重的两性关系中，男人和女人都可以得到完美的发展。因此，如果我们正寻求让社会更稳固的方法，这种不断发展的婚姻新意识对我们来说用处很大。为了将婚姻的诸多好处拓展到更大的范围，我们还要提出了 5 条婚姻终极真理。

真理 1：健康的婚姻能在源头上预防社会问题

不幸的是，我们每天看到的头条新闻都不是欣欣向荣、一片和谐的。我们的社会在很多问题中挣扎，除了少女怀孕、酗酒、日渐增高的中学生辍学率及贫困外，其他的问题还有很多。

如果把精力集中在这些问题上，我们就是在做所谓的“下游清理”。你想对满是污染的河流进行清理，可是河流早晚还是会被再次污染，到时你还得再清理一次。也就是说，你将不得不一次又一次地清理同一条河流。

我们的政府和很多私人组织为下游清理投入了大量的金钱，怎么就没去查明这些污染从何而来呢？要知道，下游问题只是社会不健康的表象。只有走到源头，才可能治理社会。任何社会的核心都是家庭，而家庭的核心则是夫妻关系。

简单来说，健康的家庭带来健康的社会。要确保家庭健康，就要有健康的夫妻关系。

如果想构建每个人都能自觉承担责任的健全社会，就得首先构建人人有责的家庭。如果想让世界上拥有更多的同情与关爱，我们也得首先从家里做起。要建立一个健康的家庭，就要先让夫妻关系好起来，因为夫妻是社会之源。做到这些并不难，只要你能将本书中的一些想法和练习付诸实践。

真理 2：健康的婚姻创造出强大的个体

多年来人们一直认为，人要强大，就必须专注于爱自己。哲学家苏格拉底认为智慧产生于“认识自己”。印度哲学家克里希那穆提曾说过“重新认识自己”。另一位哲学家笛卡尔宣称“我思故我在”。

然而，我们并不赞成这些说法，因为我们相信，我们是在相互关系中而不是在孤立中发现自我，我们在关系中出生，在关系中受伤，在关系中愈合。离开与他人的关系，我们就无处知晓自己是谁，也无法成为我们现在的样子。从根本上说，我们就是我们的人际关系。而最强有力促进我们自我发现和转变的关系则是我们的情感关系。只有在这种情境下，你才能真正地重整大脑，改变你的思考和感受方式。

持这种观念的人并非只有我们。全球正在发生微妙的变化，促使着我们从关注个体转向关注人际关系，这种转变从以自我为中心转向以关系为中心。随着国与国之间的界限越来越模糊，我们越来越多地发现，我们根本无法逃离彼此，实际上我们彼此需要。越来越多的人开始承认，我们需要沟通。于是又产生了一个关键问题：我们如何才能拥有良好的沟通？

和另外一个人共度人生是一种荣耀和责任，我们可不是随意这么说的。选择了人生伴侣的人要担当起朋友、支持者、拥护者和治疗者的角色，发展自己，并以对方的幸福为己任，要致力于构建健康的婚姻关系，从而使得个人得到圆满的发展。

真理 3：结为夫妇是一场精神之旅

我们曾听人说过："如果你想测验一下自己的开明程度，那就花一周时间和家人在一起。"天呐，你能理解吗？

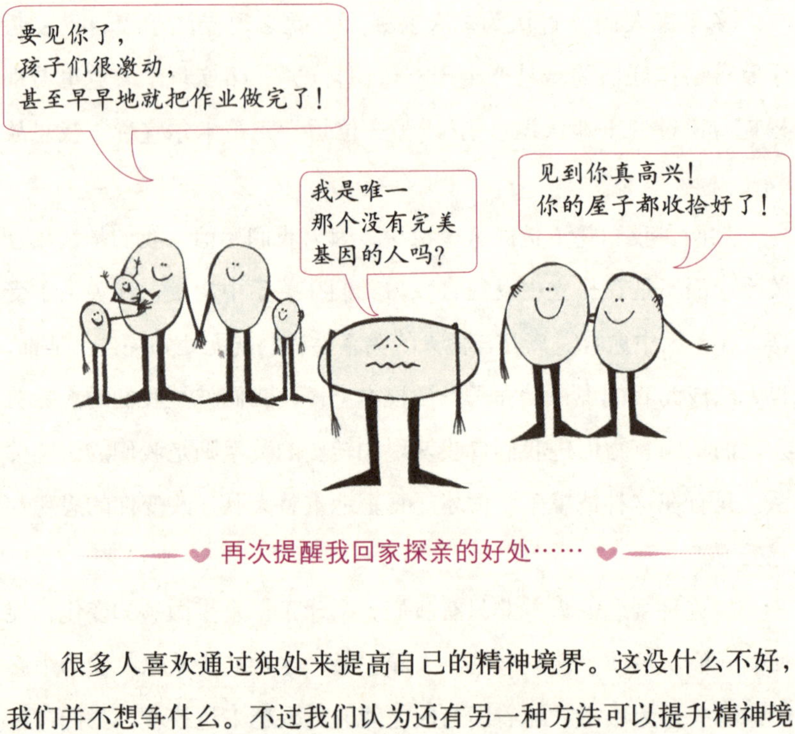

再次提醒我回家探亲的好处……

很多人喜欢通过独处来提高自己的精神境界。这没什么不好，我们并不想争什么。不过我们认为还有另一种方法可以提升精神境界，这种方法离家更近，因为你根本就无需走出家门，这种方法还可以帮你发展出真正关爱他人的能力。

当你卸去生活重担的时候，要做到心平气和并不难，这也是为什么人们都爱度假。可是，当你面对另一张脸时，想要寻找内心的宁静就难得多，尤其是对方让我们心里无法平静的时候。而当我们所爱的人惹我们烦时，平静早就飞出窗外了！因此我们认为，最伟大的精神之旅之一就是坚守婚姻，并学会真正爱你的伴侣，包括对方的所有缺点。你要确认对方的感受并将心比心，哪怕对方的经历对你来说毫无意义。

我爱你，包括你所有的缺点！

当婚姻被提升到这样一种水平，潜存意象疗法就变成了一种精神操练。和冥想与祈祷一样，对话可以让你放慢速度，心情平静，把心里一遍遍念叨的老想法搁置一边。你只要简单地回应对方的话，想象对方有怎样的感受，并真正见证对方的心路历程。当你给予对方关爱行为，并用猫头鹰区的理智而不是鳄鱼区的冲动和对方讲话时，你就是在释放爱的神经化学物质。你会感觉很美好，而你的配偶也是。

美好圣洁正准备降临在夫妻空间。神圣空间对你们两人来说都是神圣的。

走上有意识的婚姻之路也许并不容易，但它却是一趟在人间感受天堂的旅程，你们可以求助信仰来获得力量。学会真正地爱彼此对你们双方来说都是非常好的感觉，而由此产生的神奇感也会渗透进你们生活的方方面面。

真理 4：婚姻不是顽疾，而是疗愈

很多时候，当婚姻承受太多压力，从而致使夫妻双方开始寻求帮助的时候，一些专家通常的做法都是为婚姻把脉，并开出药方（或者为婚姻中的某个人开药方），更糟糕的是，某些专家还会建议双方分开一段时间，希望时间的力量可以使双方重归于好。

之后，有人就会选择离婚。一些人于是再次结婚，用一场婚姻交换另一场婚姻，就像在商店换一件不太合适的衣服一样。

我们再次要表达非常不同的看法。说实话，婚姻在不同的时代有着不同的挑战性，哪个婚姻不是如此？但这并不能说明婚姻或婚姻制度本身就有缺陷。

前面我们已经说过，健康的婚姻能在源头上预防社会问题，可以从根本上消除每天对下游的清理工作。我们相信，我们应将主要精力放在拥有巨大潜能的婚姻上，并以此为起点改善我们的整个文化氛围。就让我们从关爱婚姻幸福开始吧，我们需要将创造健康婚姻的艺术作为全民族甚至全球的文化。

这是最重要的事情。让我们给予权力资助，努力培养好我们的婚姻。

真理 5：婚姻教育刻不容缓，要从娃娃抓起

想当医生或律师吗？那就要读很多年的书，通过医学考试或取得律师资格。想成为电工或管道工吗？在获得资格之前你同样需要上课并通过考试。想经营房地产或投资股票吗？你必须学习并获得经纪人资格。想开船或开大货车吗？是的，你仍旧必须学习并通过考试获得资格。哪怕你只是开车，都得不断练习，并通过测试获得驾照。

想获得一张婚姻证书，你要做的就只是在政府大楼里交上 20 美元？错！这样是远远不够的。

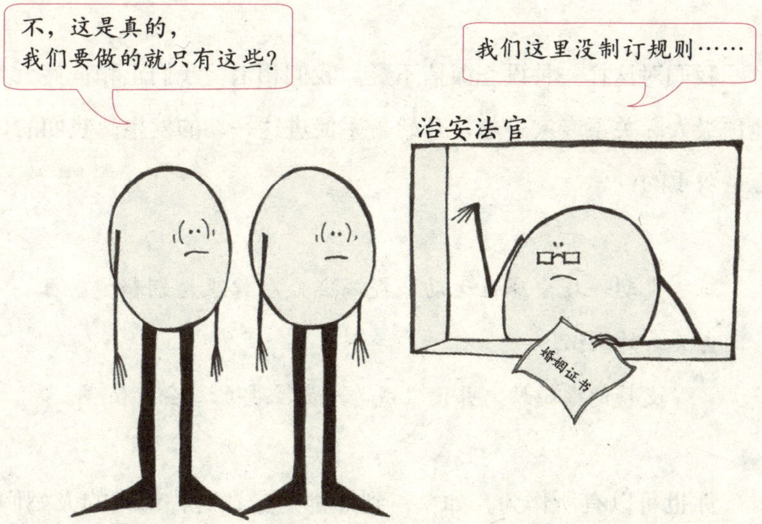

婚姻的转变需要知识与奉献精神。想成为婚姻的治愈者，你就必须学会并掌握一些必要的技巧。为了实现这一切，整个社会都需要给予支持。学校、宗教团体、社区中心、精神健康机构、政府部门，甚至是婚姻的策划者都需要一起努力。大家都要把帮助夫妇们构建健康婚姻当作头等大事。

我们甚至可以从更早的时候抓起。现在已经有小学增加了健康课程，这是一种照顾婴儿的短训课程。因此，想象一下，如果未来的几代人在很小的时候就知道了关爱婚姻的重要性，而且还掌握了一些必需的操作技巧，我们将取得怎样的进步！我们尤其需要政府的支持，最好能够设立健康婚姻部！

因此，努力让婚姻稳固和健康是你能做的最重要的事情。这不仅会影响到你、你的配偶、你的家庭，甚至还会影响到整个世界。如果我们在确保婚姻健康方面能够实现国际化，我们不仅会减少赤字，而且还会在爱的基础上创建文明，从而实现真正的飞跃。

关爱婚姻，关爱彼此，分享幸福秘诀

我们对这样一种设想深信不疑。我们相信，我们正和世界上其他顶级人际关系专家一起，开始着手促进这一切的发生。我们的目标是双重的：

> 发动一场全球性运动，提高公众对健康婚姻和健康社会关系的认识。
>
> 支持健康婚姻，并使之成为一种主要的社会价值观。

你也可以有所作为。如今，到处都是走在时代前列的夫妇们。

作为本书理论基础的“潜存意象关系疗法”，在没有资金援助和战略性计划的前提下，已被广泛传播到了30多个国家。有很多咨询者、治疗师和职员在对夫妇提供帮助的时候都使用了我们理论中的核心部分。我们的这项婚姻运动深入人心，加上我们聚集起各种力量发动一场全球性运动，很明显，全力以赴创造健康婚姻的时代已经来临。

婚姻革命已经拉开序幕。这是大势所趋。现在还是前沿性的东西，总有一天会成为主流思想。当然，这场运动的关键性人物还是勇敢选择了构建梦想婚姻的每一对夫妇。

你同样可以加入到我们的婚姻革命中来。你购买并阅读了本书，就已经非正式地加入了这场大规模的运动。现在，我们想正式向你发出邀请，邀请你加入我们！我们希望我们向全球各个角落发送信息的时候，也能听到你的声音。

那将会是什么样的情形呢？首先，我们将继续做我们正在做的事情，承认婚姻的重要性并关爱婚姻，关爱彼此。其次，你也可以和家人、朋友及同事分享本书，哪怕仅仅分享其中的思想也可以。

如果这种想法让你感到不安，不妨想想你们的婚姻在黑暗中挣扎的那些时刻。我们培训班的很多夫妇都曾认为只有自己在挣扎，似乎其他所有人都拥有完美的婚姻，所以这些夫妇因羞愧而感到更加痛苦。

为了促进婚姻革命的发生，我们需要打破目前的隔离状态，进行真诚的对话，真实面对婚姻的困难，并对打破现状充满信心。做到这些需要你投入的并不多，也不需要你晒出很多惨不忍睹的事实。一句简单的“哇，我和我那位有一回也是这样，不过我们找到了解决办法，帮助还挺大”，或者“我和我那位之间曾经有着不少隔阂，不过后来我们的状况有了很大的改变，我来给你说说……”类似的话，也许就能产生奇迹。这样一来，你就已经播下了一颗种子，当你的朋友有了困难的时候，就会得到帮助。

因此，在下次感恩节时请加上对美好婚姻的祝福。当看到你认为可能正在挣扎的夫妇时，也请记得和他们分享你的经历，千万不

要犹豫。要教会孩子们使用对话法，在孩子第一次带男女朋友回家的时候，要把这本书作为礼物送给他们，当然你也可以在孩子结婚的时候将本书送出。

健康的婚姻产生健康的家庭，从而就能产生一个健康的社会。这是一个令人精神振奋的好消息，而事实也的确如此。我们相信，这一切终有一天会实现。

我们致力于构建伴侣婚姻，于是我们写了这本书。现在轮到你规划自己婚姻的未来了。是你的投入和我们的努力将我们和世界上成千上万的夫妇联系起来，我们的队伍每天都在壮大。你和我们一起坚持着，更重要的是，你和你的配偶也携手一起坚持着，在此，我们要向你们咬定青山不放松的勇气表示感谢。

在继续前进的道路上，永远不要忘记：你们拥有创造梦想婚姻的能力。在创造婚姻的同时，你们也为创造一个崭新的世界做出了贡献，使得这个世界生生不息，繁荣昌盛！

祝福大家都能拥有一个幸福美满的婚姻！

致谢

没有哪本书是在孤立无援的状态下写出来的，尤其是两性关系的书。在本书的成形过程中，有很多了不起的人帮助我们将书中的概念进行简化处理和提炼。

我们要特别感谢伊丽莎白·佩里莎女士。我们相识已经25年，可是多年以前我们连做梦都没想到过我们有机会合作写出一本这样的书，她不仅对此书的成稿给予了热情的帮助，还为本书设计出了我们认为最合适不过的插图。这个世界上少有人的才华能和她相比，对此我们深信不疑。

我们同样深深地感谢我们的出版商，尤其是我们的责编西德尼·迈那。他们对本书的出版给予了大力支持。

当然，在本书成稿之前还有很多人给予我们完全正确的看法：撒纳姆·胡恩和琼·丹尼斯顿给予我们的建议突出地表现在对本书细节和未来读者群的关注；而伯纳黛特·盖乐葛斯和瑞秋·梅泽尔则像站在马拉松跑道边呐喊助威的人，他们把原稿读了很多遍，并给予了颇有见地的反馈意见；鲍勃·卡姆和基尔·费恩·贝克在我们最需要的时候提出了很有用的见解。此外，我们还要感谢我们的代理商道格·亚伯兰，他不仅分享了我们对健康两性关系的热情，并且还非常了解我们设想的广度和深度，他的意见和建议对于我们本书的最终定稿起着非常重要的作用。能有这么多人给予本书如此大的热情和支持，我们感到非常幸运。我们还要向全球潜存意象治疗师们表示不尽的感谢，感谢他们为帮助全世界夫妇们所做出的努力！

最后，我们还要感谢所有的夫妇，感谢你们向我们坦言自己的婚姻本可以更好，并致力于构建梦想婚姻。正是因为有了你们，我们才写了这本书。

美国首席婚姻治疗专家夫妇
全世界备受推崇的“潜存意象关系疗法”创始人

哈维尔·亨德里克斯博士

著名婚姻治疗专家与畅销书作家

婚姻及关系疗法演讲大师

他的畅销书《爱可遇不可求》已在全球热销超过200万册，被译成50种语言。作为婚姻治疗专家，40多年来他多次在各种场合公开宣讲婚姻及关系疗法，受到了广大夫妇们的热情赞誉。从1998年起，他共19次受邀在《奥普拉脱口秀》做客，其参与录制的节目被奥普拉选为她最具影响力的20期脱口秀之一，其他电视脱口秀节目也常邀请他为客座嘉宾。此外，他还为《纽约时报》《今日美国》撰写过多篇文章。

海伦·拉凯莉·亨特博士

女性活动的积极领袖

畅销书作家

她曾是达拉斯市经济不发达地区的一位中学教师，此经历激励着她为促进世界平等和美好而努力。为了推进世界女性平等的步伐，她与人联手创建了多个女性公益组织，发起过多次女性活动。她还是妇女公益基金会 The Sister Fund 的创始人和主席，致力于让女性在社会、政治、经济和心灵上获得更多的力量。

由于她为妇女事业所做的杰出贡献，她被选入全美妇女名人堂（享此殊荣的名人还有希拉里）。此外，她还多次受到美国广播公司新闻网、《纽约时报》《华尔街日报》《福布斯》《城镇乡村》《赫芬顿邮报》等全球各大知名媒体的邀请和采访，并撰写相关专题文章。

当哈维尔准备写一本有关伴侣婚姻的书时，与海伦相遇，两人开始约会。之后海伦向哈维尔求婚，哈维尔满心欢喜地接受了。他们的婚姻促成了“潜存意象关系疗法”的产生，进而帮助了世界各地数以万计的夫妇拯救自己的婚姻。

值得一提的是，身为专家的他们也曾在 10 多年前走过一段千疮百孔的婚姻，甚至徘徊在离婚的边缘，后来他们通过践行自己在书中所倡导的理念，并亲自实践原本为其他夫妇设计的真爱练习，最后两人找回了以前的亲密，并走上了梦想中的伴侣婚姻之路。目前，哈维尔与海伦夫妇住在纽约，有 6 个孩子和 5 个孙子，过着幸福美满的生活。

迄今为止，哈维尔与海伦夫妇共出版了 10 部亲密关系和家教类著作，他们的作品在全球发行逾 300 万册，被翻译成几十种语言。

哈维尔与海伦夫妇的畅销作品包括：

1. 《爱可遇不可求》（*Getting the Love You Want*）
2. 《让爱伴你走一程》（*Keeping the Love You Find*）
3. 《亲爱的，让我们再一次心动》（*Making Marriage Simple*）
4. 《爱可遇不可求之实践手册》（*Getting the Love You Want Workbook*）
5. 《给出能疗伤的爱》（*Giving the Love That Heals*）
6. 《接收爱》（*Receiving Love*）
7. 《夫妻同行》（*Couples Companion*）

登录作者网站 http://www.harvillehendrix.com，了解关于哈维尔与海伦夫妇的更多信息。

改变了奥普拉对婚姻看法的潜存意象关系疗法

多年来，潜存意象关系理论一直盘旋在哈维尔和海伦的头脑和意识中，二人终于在 20 世纪 80 年代初正式共同创立了潜存意象关系疗法。就连奥普拉也公开表示，潜存意象关系疗法改变了她对婚姻的看法，并预言这一疗法将给全世界带来一种新型婚姻。

潜存意象的基本概念是：与配偶的关系是我们最重要的关系，只要方法得当，以婚姻为基础的家庭就可以成为一个安全、神圣的地方。如果能创造出这样的空间，我们不仅可以构建梦想中的婚姻，而且个人也能更加全面健康地成长起来。

为了帮助已婚夫妇实现这一目标，海伦和哈维尔共同创建了一家非营利性机构：潜存意象关系国际。这个机构的使命是创建新型婚姻，改变整个世界。目前在33个国家中，已有2 200名潜存意象治疗师，每年可以帮助6万对夫妇。此外还有100名潜存意象培训师，这些人是非专业的治疗师，却同样热衷于在全世界传播潜存意象理论，而且这一数字每天都在增长。

海伦和哈维尔及其他治疗师在世界各地开办了潜存意象培训班，旨在帮助更多处在婚姻困境中的夫妇，从而促进更多人加入婚姻革命队伍。

温情访谈

如何拥有一段幸福的婚姻

美国著名婚姻治疗专家、畅销书《爱可遇不可求》作者哈维尔·亨德里克斯携爱妻海伦·拉凯莉·亨特共谱婚姻新曲——《亲爱的，让我们再一次心动》。他们的爱情哲学是：浪漫爱情早晚会变得平淡（你需要接受这个事实），有冲突是一件好事（你可以将其作为助你成长的工具），否定具有绝对毁灭性（一定要时不时地消除它）。

关于创造美好婚姻，哈维尔同我们分享了他的独到见解。

《美国退休人员协会》：在一段好的婚姻中，什么最重要？

哈维尔：这些年来，我们所学到的最核心的事情就是，美满婚姻的必备元素是安全感，而安全感取决于两个人是否愿意放弃他们对伴侣的否定。大多数人都会对自己的伴侣说出否定性的语言，无论它是温和的还是刻薄的，对方都会因此受到伤害和打击。“我就认为我们应该往左。”“不，我们应该往右！”“你为什么喜欢香草冰激凌？”无论是哪一种语调，听起来都不是很聪明或者缺乏意义，这样的沟通会导致关系破裂，进而引发双方的焦虑情绪。而富有挑战性的解决办法是：创造“零否定安全空间”。也就是说，夫妻空间必须戒除一切否定。

《美国退休人员协会》：什么方法能够让婚姻立刻得到改善？

哈维尔：双方都需要投入到当下的关系当中。如果我们分心，就很难将注意力放在对方身上，这意味着双方虽然维持着平行式对话却没有任何互动，也没有眼神交流。当然，你不需要始终投入，但你只要参与其中，就需要全身心投入，把焦点100%放在对方身上，此时，你为对方传达了这样一个信息：“不管是1分钟、5分钟还是10分钟，此时此刻，我正从我的世界中走出来，并走进你的世界。”

《美国退休人员协会》：如何判断伴侣不是对的人？

哈维尔：其实，只要你们坠入爱河，终有一天你们会从爱河中走出，这绝对是很正常的事情。所以，如果你因为这个原因而觉得自己跟一个错的人结了婚，那么你就犯了一个认知性错误。当然，如果你已经为改善婚姻做了所有能做的努力，却仍然得不到任何回应，你很有可能确实找错了人，和这个人继续在一起你可能永远都不会收获幸福美满的婚姻。

《美国退休人员协会》：有哪些危机可能会让婚姻产生动摇？

哈维尔：很多人在面临退休的时候会这样说："我现在不用工作了，孩子也长大了，不再需要我们……现在，我们还有什么可做的？"退休可能会给婚姻生活带来一定的困扰，不过要解决这个问题并不困难，但如果你们缺乏相关技能技巧，很有可能会开始过着井水不犯河水的生活，进而导致双方没有任何沟通。所以有很多人会在这时候选择离婚。

《美国退休人员协会》：你和妻子在书中谈到了你们的欣赏仪式，现在你们还一直坚持做吗？

哈维尔：是的，我们每天晚上都会做，即使我们不在一起时也是如此，我们会在电话里面做这项练习。如果没办法打电话，我们就会将我们的赞赏用邮件的形式发给对方。这些赞赏的语言必须与对方当天的言行有关，像"我欣赏你的好"这样笼统的语言就没有什么作用，你可以说："虽然今天你身在世界的另一个角落，但我仍然欣赏你给我发的充满爱意的短信。"我们总能找出 3 件对方当天做的事情给予欣赏。

《美国退休人员协会》：为什么夫妇双方一起接受咨询比单方接受咨询更重要？

哈维尔：20 世纪 70 年代，我在达拉斯做婚姻治疗。我做得很成功，成千上万的人过来找我诉苦，他们的婚姻举步维艰，然而他们都不是夫妇双方一起来的。当时，如果你是一个人过来咨询婚姻问题，我们往往会将治疗焦点放在个人身上：如何从生活中得到你想要的以及如何成长。在此我不得不遗憾地说，作为婚姻治疗专家的我其实间接地造成了成百上千对夫妇离婚。这些来访者通过治疗获得了成长，但他们回家后发现自己更加无法面对没有接受过治疗的另一半，因为对方跟不上自己的成长步调，结果就是二人一拍两散。然而一两年后，他们又会再次出现在我的办公室，跟我说离婚后他们遇到的另一个人，并且他们的关系又出现了和前任之间一样的问题。

所以我想，虽然这些人也许改变了自高自大的恶习，也许不再那么忧郁和焦虑，但很可能他们身上存在的本质问题并没有得到解决。谁都不是天生就能掌握关系技巧的，你需要不断地练习。

附 录

直达幸福婚姻的真爱练习手册

以下我们系统地为大家提供了构建梦想婚姻所需的方法，部分练习配有样本和表格，供大家参考和填写。当然，你和伴侣也可以另外用一个笔记本或采用日记形式记录你们的想法和婚姻进展情况。我们希望这个练习计划能为你们婚姻的幸福助一臂之力。

制订全面系统的练习计划

该练习计划包括与本书10种幸福语言相对应的所有练习。我们建议你按照练习出现的顺序进行，不过你也可以根据你们婚姻的实际情况进行适当调整。以下是帮助你们订立练习计划的一些构想：

1.10周练习计划

每周抽出一两次时间做练习，可定在晚上或白天（如周二晚上或周六下午）。选一种幸福语言，提前阅读一下，在规定的时间内完成与该幸福语言相关的练习。例如，你选择每周四做一次练习，你们的练习计划便可以这样安排：

周	周日	周一	周二	周三
1				
2				
3				
4				
5				
6		潜存意象对话法		
7	欣赏仪式	欣赏仪式	潜存意象对话法	欣赏仪式
8	欣赏仪式	欣赏仪式	欣赏仪式	行为改变要求法
9	训练大脑和欣赏仪式	训练大脑和欣赏仪式	训练大脑和欣赏仪式	训练大脑和欣赏仪式
10	训练大脑和欣赏仪式	训练大脑和欣赏仪式	训练大脑和欣赏仪式	训练大脑和欣赏仪式

注：我们建议在你们的婚姻生活中坚持抽出时间做“训练大脑和欣赏仪式”的练习。

周四	周五	周六
练习 1：过去与现在		
练习 2：诱出乌龟，驯服冰雹		
练习 3：怀念和渴望		
练习 4： 夫妻空间大扫除		
练习 5：潜存意象对话法		
练习 6：欣赏仪式	欣赏仪式	欣赏仪式
练习 7：行为改变要求法	欣赏仪式	欣赏仪式
练习 8：训练大脑	训练大脑和欣赏仪式	训练大脑和欣赏仪式
练习 9：引入快乐	训练大脑和欣赏仪式	训练大脑和欣赏仪式
练习 10：婚后宣誓	如果想加深效果，可以继续进行“训练大脑和欣赏仪式”的练习，必要时可以尝试“潜存意象对话法”和“行为改变要求法”。	

2.1 周密集练习计划

如果你们计划一次有趣的外出或度假，则可以提前制订出共同练习的 1 周计划（要确保双方都有时间提前通读书中的幸福语言）。以下是 1 周练习计划的样本：

	第 1 天	第 2 天	第 3 天	第 4 天
上午		练习 2：诱出乌龟，驯服冰雹	练习 4：夫妻空间大扫除	练习 6：欣赏仪式
下午	练习 1：过去与现在	练习 3：怀念和渴望	练习 5：潜存意象对话法	练习 7：行为改变要求法
上床前				欣赏仪式

第5天	第6天	第7天
练习7： 行为改变要求法（如果双方在前一天没做该练习）	练习9： 引入快乐	练习10： 婚后宣誓
练习8： 训练大脑		
训练大脑和欣赏仪式	训练大脑和欣赏仪式	训练大脑和欣赏仪式

坚持练习实践，才会发生真正的转变

构建伴侣婚姻的过程会产生巨大的能量，最终将会影响到你们。通过构建健康的两性关系，最终你和你的配偶将获得构建梦想婚姻的能力。在这一过程中，你们的大脑得以重构，使你们能够整装待发，享受婚姻和生活给你们带来的神奇。

只要坚持做这些练习，总有那么几天（甚至持续几周），你会感觉自己好像达到了世界顶峰，对伴侣婚姻了如指掌。同样，也会有些时候，你想就此罢休。这些都是正常现象，请千万不要在烦恼浮出水面的时候绝望。一定要善待自己，因为你进入了全新的领域，你的大脑在启动重新设置按键，但它会努力使你恢复到以前做事的方式。因此，你一定要有耐心，与伴侣彼此快乐相伴的同时不断练习。

仅仅拥有理论知识是远远不够的，我们只有每天坚持练习，真正的转变才会发生，日积月累，最终会换来你们明天的深度沟通。

如果你们和我们认识的其他夫妇并无区别，那你们在进行练习时肯定会经历不同程度的投入。总的来说，乌龟型人（这种人倾向于服从指令）需要再拓展一些，而冰雹型人（这种人常常热情奔放，雷厉风行）则需要收敛一些。这点对我们两个来说可是千真万确的。

哈维尔：海伦第一次来找我做练习的时候，我一下子就缩进了壳里。我知道这些练习帮助了其他夫妇，这些练习就是我设计出来给他们做的。可是对于真正地静下心来做练习，我还是持抵制态度。

海伦：我当时很清楚，如果哈维尔不愿意做，我就必须保持温和的态度，无论如何都得做到。如果我的冰雹没有被控制住的话，我的设想在没开始之前就会结束了。

虽然我们一开始进展得很慢，但我们依然坚持下来了。很快，我们就开始有了非常美好的感觉，且我们练习得越多，感觉就越有趣。渐渐地，我们成了练习的坚定守护神，为的就是让这些美好的时光能持续下去！

因此，我们要敦促你接受书中的思想，并通过练习践行这些思想。只有将书中的思想应用到婚姻的实践中，你们的生活才会发生真正的转变。

我们在练习中给大家设定了一些行为，采纳这些行为要求大家用与以往不同的方式去做（如果你以前的努力有成效，今天你就不会拿起这本书了），所以你要做好准备拓展自己。不过需要注意的是，如果鳄鱼的尾巴来回不停地扫动，乌龟怎么戳都不出来，或冰雹开始云集，那么你一定要动用你的猫头鹰区，或暂时中断一下。你们可以出去散散步，看场电影，一起做顿饭，甚至溜进卧室。当你们在一起充分放松一段时间之后，就会释放出一些催产素，那时你们又可以接着做练习了。

你可以随时访问我们的网站（www.MakingMarriageSimple.com）获取更多信息。我们在里面放了很多故事以及其他练习和资料，此外，我们还放了一份全世界潜存意象治疗师名单和我们目前的培训日程。

练习 1

过去与现在

浪漫爱情加上潜意识作祟，使你不由自主地爱上一个唤起你童年创伤的人。现在，你长大成人，走进了婚姻殿堂，正在使用我们在本书中推荐的方法。你抓住了机遇，我们相信你可以创造出一个完全不同的幸福未来。

你要做的第一步是发现你的配偶和你父母之间的相似之处。也许你不能一下子就找出来，但请记住，我们可不是说你配偶的样子或行事风格像你的父母，而是你和配偶在一起时所产生的感觉与你和父母在一起时的感觉很相像。重新梳理过去与现在之间的这种关系，有助于你们用好奇和理解替代指责，为双方共同努力奠定基础。

1. 制作两份列表

(1) 把你记忆中和照顾你的人在一起时的烦恼写下来，这些烦恼可以是具体的事情，也可以是大致的经历（提示：这些人包括所有曾经照顾过你的人，包括父母、哥哥姐姐、亲戚，或者保姆）。

(2) 把你和伴侣之间产生的烦恼以及你心里的想法列出来。要尽可能地多列一些，小到烦心琐事，大到真正让你生气的事情。

(3) 对比两份列表，记下相似之处。

2. 同伴侣一起探讨

同你的伴侣深入讨论两份列表中相似的地方。在共享的过程中，你会注意到你们彼此之间生出了好奇心。要知道，好奇和烦恼不会同时出现。在后面的练习 7 中，你还将学会如何把与伴侣之间产生的富有挑战性的烦恼转化为具体要求，获得成长，从而使你们的关系得到愈合。

切记：我们和伴侣之间产生的烦恼中大约有 90% 与我们的童年经历有关，只有 10% 是和现在的你们有关。

【妻子的版本】

过去与现在的烦恼

我的名字：________________

我童年时的烦恼

童年烦恼		感受
举例（笼统的）：	父亲批评我的时候	不怎么好
举例（具体的）：	当哥哥忘记我生日的时候	生气 / 感觉没受到重视
	________	________
	________	________

和配偶在一起时的烦恼

婚姻烦恼		感受
举例（笼统的）：	当你抱怨屋子里乱糟糟没收拾的时候	不怎么好

举例（具体的）：上周五我特意为我们做了饭，
而你却玩了两个小时电脑　　生气 / 感觉没受到重视

【丈夫的版本】

过去与现在的烦恼

我的名字：________________

我童年时的烦恼

童年烦恼　　感　受

举例（笼统的）：母亲埋怨我的时候　　不怎么好

举例（具体的）：当姐姐对我自制的礼物不领情的时候　　生气 / 感觉没受到重视

和配偶在一起时的烦恼

婚姻烦恼　　感　受

举例（笼统的）：当你抱怨我总是一个人看报纸不和你说话的时候　　不怎么好

举例（具体的）：上周末我特意订了两张电影票，
而你却抱怨电影不够好看　　生气 / 感觉没受到重视

练习 2

诱出乌龟，驯服冰雹

不和谐所产生的对立紧张感对童年创伤的愈合和婚姻的发展有着至关重要的作用。你和你的配偶相对立的方面之一就是你们对冲突所做的反应。

读完这一章后，你也许很轻易就能辨别出，在你的婚姻中谁是乌龟，谁是冰雹。如果辨别不出，不妨花些时间往前翻翻，把相关的描述再看一遍，然后再进行辨别。如果还是得不出结果，可以考虑一下当你真正烦恼的时候会有怎样的反应，你还可以问问你的配偶。

知道你们属于哪一类型当然好，不过知道了又有什么用呢？以下是我们以及我们培训班的夫妇们都用过的方法。在你处于挣扎中的时候，这些办法非常管用。不过你也可以在冲突发生之前使用，从而避免冰雹猛砸或乌龟缩进壳内。

1. 把乌龟诱出来

如果你是冰雹，你的乌龟缩在壳内就是不出来，下面这些方法可以帮助你把他诱出来：

(1) 问对方此刻需要什么。如果对方答不上来也不要烦躁，只管问就好，努力让你的配偶感觉到安全，这样他才会向你敞开心扉。关于乌龟为什么有一个硬硬的壳（和软软的肚皮），则需要更多一些好奇。

(2) 不要轻举妄动。这是最简单通常也是最有效的方法，但对冰雹来说也是最难做到的。关键是，只要你给乌龟足够的空间，他就会在你不经意间探出头来，到时你就不会觉得自己孤掌难鸣了。

(3) 写一张示好的小便条。真诚赞美你的配偶，然后把便条放在他能看到的地方，比如桌子上、床头柜上、文件夹里，或直接粘到浴室的镜子上，这能够有效提醒乌龟，他得到了赞美。

2. 让冰雹平静下来

如果你是乌龟，你的冰雹正怒不可遏，不断用高尔夫球大小的冰雹砸你。下面这些做法可以驱散他头顶浓密的乌云。

(1) 向他表达欣赏之情，可以送他一束花或一张友好的便条，也可以送他最喜欢的零食。这些小小的举动会让他觉得你依然很在乎他，你并没有放弃对他的爱。

(2) 问对方“怎么了”，然后倾听，把你的冰雹说过的话重复说一遍。

(3) 想让冰雹平静下来，你可以这样问：“我能为你做些什么吗？”这句话的关键在于冰雹能够从中感受到你的关心。对于冰雹来说，有一个能够真正支持他的配偶意义重大。你必须说到做到，把他认为你可以为他做的事情一一落实到位，否则，你将不难想象，砸向你的冰雹会更猛烈！

切记：不和谐不仅是婚姻的基础，更是创造美好婚姻的契机！

练习 3

怀念与渴望

你们有冲突是很正常的。并非单单你们有冲突，地球上的每对夫妇都会遇见这种情况。现在，请长舒一口气。

冲突反映出一种信息：你们的婚姻将出现崭新的局面。你对于婚姻中即将出现的情况看得越清楚，创造出崭新局面也会越容易。下面的练习将帮助你做到这些。

1. 列出让你有感觉的事

(1) 把你们最初相遇相恋时，你很喜欢且现在还一直怀念的事情写下来。

(2) 把你一直渴望在婚姻关系中出现的事情写下来，这些事情也许你从来都没有感受过。

2. 与伴侣分享，构建梦想婚姻模型

同伴侣分享彼此写下来的事情。这样，你们自然而然会产生一些相关的记忆，记得要一同分享。比如，你们中有一个希望能多去旅行，这就可能让你想起刚坠入爱河时的一次美好旅行。和对方分享的时候不妨拥抱一下，这样你们的脑子里就会释放出爱的荷尔蒙。

爱的荷尔蒙是浪漫爱情阶段让人产生奇妙感觉的重要原因。

对于婚姻的一些想法，你还可以列出一个清单，贴在冰箱上。这些想法中也许有的很微不足道，如彼此更加关爱，或拥有更多朋友，有的则很宏伟，如再次度个蜜月。无论如何，要把你对婚姻的期望放在一个一眼就能看得见的地方，这样才能提醒你努力去实现它。

切记：拓展自己能使你在给予配偶所需要东西的同时获得新的技能。

【妻子的版本】

怀念的事与渴望的事

我的名字：________________________

令我怀念的事

举例（笼统的）：和你一起享受烛光晚餐。

举例（具体的）：那次心血来潮我们一起去波士顿共度美好周末。

____

____

____

我渴望的事

举例（笼统的）：数小时与你静静地依偎在一起。

举例（具体的）：一起去迪士尼乐园度假。

____

____

____

【丈夫的版本】

怀念的事与渴望的事

我的名字：______________________________

令我怀念的事

举例（笼统的）：和你通宵畅聊。

举例（具体的）：一起骑自行车去野外露营。

____

____

____

____

____

____

____

我渴望的事

举例（笼统的）：和你自然而然地做爱。

举例（具体的）：一起去百老汇游玩。

____

____

____

____

____

____

____

____

练习 4

夫妻空间大扫除

1. 空间里的美好与挑战

(1) 在系统练习 4 中的小圆圈里分别写下你的名字和你配偶的名字。

(2) 在顶部的大圆圈里，列出所有你认为美好的想法、感受和行为，用以描述你们空间中积极的一面，包括尊重、爱恋、共同养育孩子、约会之夜，这些东西会给你们的婚姻带来安全、亲密和激情。

(3) 在底部的大圆圈里，列出所有你认为富有挑战性的想法、感受和行为，用以描述你们空间中消极的一面，包括不信任、抨击、缺乏亲密感、没有情趣，这些东西会给你们的婚姻带来猜疑、隔离和混乱。

2. 探讨彼此对婚姻的贡献

和伴侣分享他为婚姻的美好做出的贡献（例如："我认为你给我们空间带来的最好东西是……"）。接下来和他分享你为解决婚姻困境所做的贡献（例如："我觉得我为解决婚姻困境做出了贡献，表现在……"）。最后，你们要共同商讨一些方法，让双方都能为婚姻的美好做出贡献，都能应对婚姻的挑战，从而给婚姻带来安全空间，并将其转化为神圣空间。

切记：婚姻中最美好、意义最深远的地方是：我们都受到召唤，肩负成为对方治愈者的使命。这就意味着，你们的夫妻空间中不能有羞愧、指责和抨击！

【妻子的版本】

夫妻空间

我的名字：______________________________

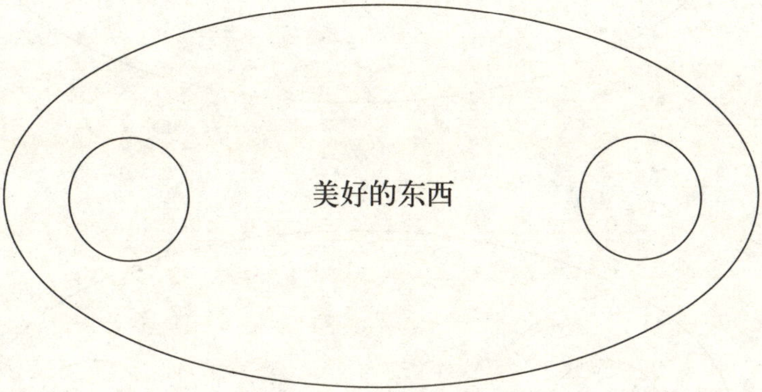

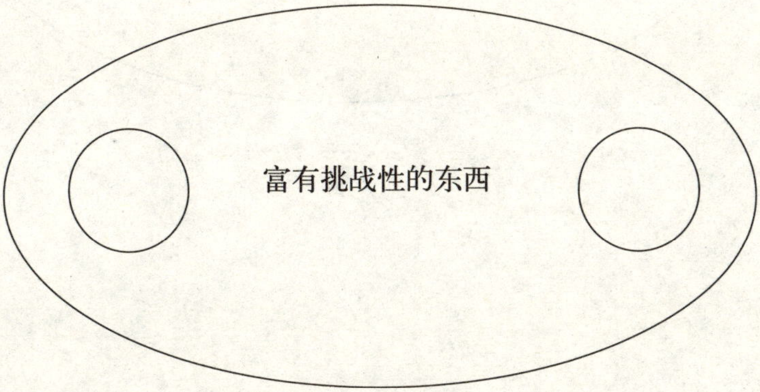

【丈夫的版本】

夫妻空间

我的名字：______________________________

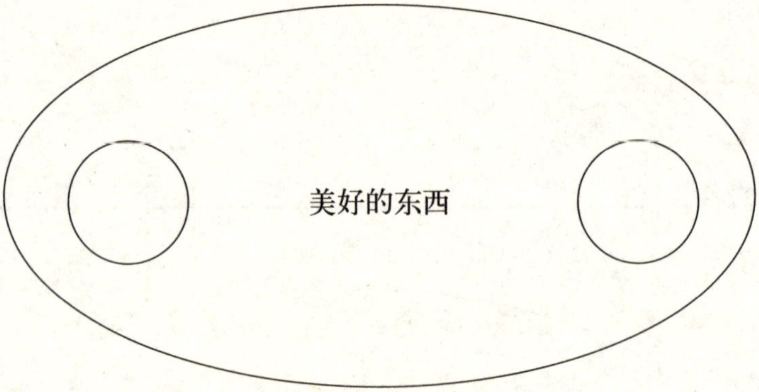

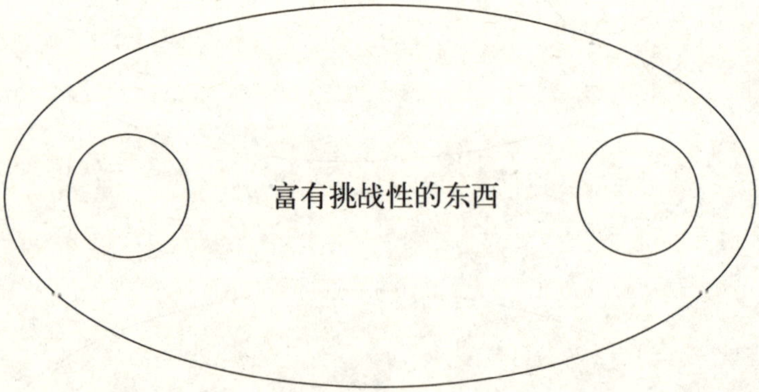

练习 5

潜存意象对话法

对话是一种有组织的谈话方式，可以促进你和配偶之间的沟通，达到情感交融。除此之外，它也是一种渐进的方式。现在，你们是时候进行这样的谈话了。你们练习得越多，感觉也会越自然。你们在一天中不断地分享着挑战和胜利，对于配偶的话，你们一直都在进行回应、确认和移情。看到这些，不要惊讶。当你们的婚姻中有烦恼或别的什么出现的时候，一定要自如地使用这种方法。

1. 对话准备

(1) 确定谁是发送方，谁是接收方。

(2) 选一个话题。建议从美好的事情开始，可以表达对对方的欣赏和赞美，也可以说一说你一天的工作情况。

(3) 对话前，发送方需要通过提问与接收方约定时间："你现在有空和我进行对话练习吗？"

2. 对话三步曲

步骤 1：回应

发送方首先发出一条信息，负起发送方的责任。

接收方用下面的措辞重复发送方说过的话："让我看看我是不是听懂了，你（此处加入对方说过的话）。我说得对吗？"

发送方确认接收方说得不错之后，接收方再问："还有吗？"接收方要不断地回应，直到发送方认为自己说的话对方都听到了。

步骤 2：确认

接收方要对发送方的话进行确认，只要真诚地说一句"你说得有道理"即可。切记，接收方不需要完全认同发送方的观点，达成一致并非目的。

步骤 3：移情

接收方要理解发送方发送信息背后的真实情绪。情绪主要分为 4 种：高兴、生气、悲伤和害怕。

想做到移情，接收方要这样说："考虑到（此处加入对方所说的话），我想象得出你也许会觉得（用一个词来表述对方的心情）。"然后用一句"你是这样想的吗"进行核对。如果对方说"不是这样的，我真正的感觉是 XX"，那么接收方就要再次重复发送方说过的话，直到发送方认可接收方对自己感受的描述。然后双方互换角色。发送方成为接收方，接收方成为发送方。

对话的关键是：练习、练习、再练习。

3. 继续练习

我们建议你们找出专门时间进行全面的对话，也可以在一天中随机进行，这样做还有助于训练大脑。比如：

(1)"如果我没有听错的话，你说把盐递过去。对不对？"

（回应）

(2)“还有要说的吗？”

(3)“你刚才说不希望看到我把你辛辛苦苦清扫干净的厨房弄乱，我觉得你说得有道理。”（确认）

(4)“哇，老板是这么说你的？这真的让你感到高兴又自豪。我说得对不对？”（移情）

每一次搭腔都可以给你的生活带来变化。祝你们聊得开心！

切记：对话的目的不是达成意见一致，而是要轮流进行，彼此真正地倾听。

注：如需查看更多资源，请登录 www.MakingMarriageSimple.com。

练习 6

夫妻空间大扫除

否定有害婚姻。我们所说的否定是指让你的配偶感觉受到了否定的任何形式，包括说话的语气，脸部表情和一些举动。在充满否定的婚姻中，我们无法得到成长。因此，如果你希望和配偶一起成长，就需要在你们的相处过程中消除否定。要知道，成千上万对夫妇因为否定而分道扬镳。消除否定主要有以下两个方法：

第一，从评判走向好奇。做法很简单，你可以用新奇的眼光看着你的配偶，就像初次遇见他时一样。为了让游戏更好玩，你甚至可以计划和他去一家酒吧，要各去各的，然后你们假装从未见过彼此，开始互相做自我介绍。

第二，彼此分享欣赏对方的地方。当我们第一次这么做的时候，抱怨我们不喜欢的方面通常都很容易，而要说出欣赏的话却很困难。欣赏是我们的关系发生转变的关键一环，因此我们设计出这个练习就是想让你们做起来更容易。通过这个练习，你可以发现你真正欣赏对方的地方。

现在，你们要把精力集中在好的方面，这样，你们的婚姻就会美好起来！

1. 将你对 TA 的欣赏记下来

把配偶让你欣赏、热爱、佩服和珍惜的身体特征、性格特点以及你对他的整体性肯定评价（例如对方很棒、很体贴、很了不起等）都记下来，系统练习 6 中提供了表格和样本。

2. 睡前分享 3 件欣赏对方的事

每天上床前都要和对方分享 3 件你欣赏对方的事。无论你是在做系统练习 6 中的练习题，还是在做自己设计出来的练习，都要坚持这种欣赏仪式。

记住，不允许有重复。你可以从清单上让你欣赏的方面入手，但也要注意用欣赏的眼光看待配偶。这个练习的关键在于要把注意力从不喜欢的东西上转移到喜欢的东西上。当注意力发生转变时，你就会发现喜欢的东西越来越多，同时也激励你为婚姻做更多。

练习完成了，你仍然可以继续给予对方欣赏。为什么不呢？既然感觉那么好，为什么要停下来？

切记：心随情动。你越是把精力集中在好的方面，可以让你集中精力的东西也会越多。

【妻子的版本】

我欣赏你!

我的名字：________________________________

我喜欢你的……

外形特征	性格特点	行　为	总体感觉
蓝眼睛	幽默	每天早上带阿曼达晨练	你好棒!
脸上有斑	富有责任感	每天晚上与我温柔缠绵	嫁给你我真幸运!简直难以置信!

【丈夫的版本】

我欣赏你！

我的名字：________________________________

我喜欢你的……

外形特征	性格特点	行　为	总体感觉
褐色头发	恬静	每天晚上给阿曼达读书	你好棒！
脸上有痣	富有同情心	每天早上给我冲咖啡	娶了你我真幸运！简直不可思议！

练习 7

行为改变要求法

行为改变要求法是把你和配偶之间的烦恼转化为成长的关键步骤。记住，烦恼就是隐藏起来的愿望，揭开烦恼的面纱，就是你真正想要却尚未从对方那里得到的东西。这个练习将教你如何用对方更容易接受的方式与他分享烦恼（也是愿望）。行为改变要求法为你提供了一个固定的模式，你可以用它向你的配偶提出要求。在接收和满足这些要求的过程中，你和你的配偶终将获得成长。

1. 准备工作

(1) 选择一个你和配偶在一起时的烦恼，如果你一时想不起来，可以参照你在练习 1 中列出来的清单。注意从小事开始，要选择你们两个人都能完成的事情。

(2) 从细节着手，一步一步进行，进而准备提出行为改变的要求。

2. 行为改变要求三步曲

步骤 1：约定时间

发送方要找接收方事先约定一个时间："我有一个要求想和你谈谈，你有时间吗？"

步骤 2：陈述烦恼

发送方要负起发送方的责任，用一个句子（最多两个句子）简单陈述出你的烦恼。下面是一个简单陈述的例子：

发送方：你回家的时间比你承诺的要晚，我很烦恼。

接收方：让我看看我是不是听明白了。我回家的时间比我承诺的要晚,你很烦恼(一字不差地回应发送方所说的话)。我说的对不对?

发送方：对（确认）。

接收方：还有吗?

发送方：你不准时回来，我就会为你担心（此时避免让接收方感觉不堪重负）。

接收方：你是说，我不准时回来，你就会为我担心（再次重复发送方的话），是吗?

发送方：没错（确认）。

接收方：由于我回家比承诺的时间晚，你感到烦恼是可以理解的（确认）。我可以想象得出这让你很难过且生气（移情）。

步骤 3：提出要求

一旦接收方对发送方进行了回应、确认和移情，发送方就会觉得自己得到了理解和认可。

这时候发送方就可以提出 3 个要求。发送方要清晰、具体地提出可以帮助自己的 3 个要求，举例如下：

接收方：接下来你希望我怎么做呢？给我 3 个选择吧。

发送方：感谢你能这样问我！下面就是我认为可以解决问题的 3 个方案：

a. 下个月请你每周抽出一个晚上给我做一次背部按摩（或是别的带点浓情蜜意的行为）。

b. 接下来的两个月里，每个月你都要抽出一个周六或周日把早餐给我端到床上来。

c. 你每周都要采购日用品一次，持续 1 个月。

需要注意的是，尽管 4 次背部按摩、2 次在床上吃早餐或 4 次采购日用品相对于你的烦恼来说微不足道，但也总算可以让你发泄一下。

我们大脑的默认设置是认定负面东西的，因此要抵消这种负面影响，你就得不断地重复积极的东西。也许这听起来很没逻辑，但我们的大脑就是这样处理事情的。你要相信，用相当剂量的积极事物抵抗消极事物可以训练你的大脑。

3. 每周一练，轮流表达自己的烦恼

你们需要不断练习“行为改变要求法”，且轮流做发送方和接收方。起初要从容易些的烦恼开始，在双方都适应了这一过程之后，则可以摆出更有挑战性的烦恼。

不过，一个晚上由一个人来提要求要比由两个人轮流提效果更好。在实际操作过程中，如果你和你的配偶不是为了共度周末或消遣而提前进行密集训练的话，我们建议这周一个人做发送方，下周再换另一个人做发送方。这样做是为了让双方都有机会充分表达自己的烦恼。

接收方可以将已经接受了的要求贴在每天都能看到的墙上，这是一个很好的办法，可以确保自己说到做到。接收方按照要求去做事，这对双方来说都是值得庆祝的。

切记：“行为改变要求法”的每一小步都将赋予你们两人以无穷的力量。有了这种力量，你们将会不断地想去解决更多问题，直到婚姻中所有的问题都得到解决！

注：如需查看更多资源，请登录 www.MakingMarriageSimple.com。

练习 8

训练大脑

大脑研究人员已经证明，神经通路可以训练，从而创造出更新、更健康的沟通。为了达到这个目的，我们把复杂的大脑分割成两个部分：低位脑，即大脑的应激反应区，也叫鳄鱼区；高位脑，即大脑的冷静反应区，也叫猫头鹰区，该区域可以营造双赢局面。

训练大脑的练习将帮助你增强大脑的高位区，让你更容易与猫头鹰取得联结。鳄鱼，好好睡吧！

1. 深呼吸，全方位想象你的配偶

(1) 做本练习需要 10~15 分钟。找一个安静、不受打扰的地方，舒舒服服地坐在椅子上，闭上眼睛，用 5 分钟的时间把精力集中在呼吸上，并默数呼吸次数（可以用煮蛋器或手机闹铃定时）。如果数错了，从头再来。要坚持数下去，直到定时结束。

(2) 现在想想配偶让你恼火的地方。一直想着这个，并坚持 2 个深呼吸的时间。然后抛弃这想法，接着想想配偶让你爱慕的地方。一直想着这个，并坚持 5 个深呼吸的时间。重复以上动作 5 分钟。

(3) 现在想象一下你的配偶。想想结婚那天他的样子，想想对

方难过时的样子，或你为对方深感自豪的时刻。让这种画面在脑海中停留，同时大声说："我的配偶是人，和我没有差别，他努力过，犯过错，有过痛苦，想要有人来爱。"然后充满爱意地想着对方。

2. 坚持练习，与猫头鹰为友

在每天的欣赏仪式之后再加上这个练习，反复做。练习需要达到的目标是：你可以轻易地进入这样一种冥想状态。这样可以使你在倾听配偶倾诉烦恼的时候，与猫头鹰为友，感觉如沐春风。

切记：你有重构自己大脑的能力。构建伴侣婚姻可以切实地改变你的大脑的化学组成，并创造出新的神经通道来帮助你达成目标。

练习 9

引入快乐

我们的内心深处都渴望快乐，快乐是我们的天性。而在和我们的配偶不断沟通时，我们就能感受到这种快乐。一本正经会扼杀快乐，它通过关系险境潜入婚姻中。关系险境包括：认为我们不说对方也应该知道我们想要什么；在我们不告知对方的情况下期待并要求对方满足我们的需求；认为我们不问对方的情况下，就自认为知道对方想要什么。

在本章的正文内容中，我们为大家提供了不同的方法让婚姻轻松起来。不过最好的方法是通过分享关爱行为，从而停止陷入关系险境，以下就是具体做法。

1. 列出关爱行为清单

(1) 把你觉得最有爱的行为列出来。你可以列出埋藏在心底的愿望，而这些愿望你希望不说对方也能知道。你也可以列出你的配偶已经做到的事，注意要强调好的方面，最好是他能够坚持做下去的事情。

(2) 把清单贴在你每天都能看见的地方，比如浴室的镜子旁或冰箱上。

2. 选择适合自己的关爱行为，持续练习

你们互相要求对方做的事情当中，有些对彼此来说会很合适，而有些则不是。你们要选择那些可以完成的或想想就能让你们激动的事情去做。每隔两个月，你和你的伴侣就要花 30 分钟的时间往清单上添加东西。在分享关爱的时候，你们甚至可以配合对话练习。

切记：你的配偶渴望成为你的英雄。通常，你要做的只是让他意识到该怎么做（“哦亲爱的，原来你喜欢我这么做！”）。

注：如需查看更多资源，请登录 www.MakingMarriageSimple.com。

【妻子的版本】

关爱行为清单

我的名字：________________________

当你做这些事情的时候，我会感觉到被爱……

____

____

____

____

____

____

____

____

____

【丈夫的版本】

关爱行为清单

我的名字：________________

当你做这些事情的时候，我会感觉到被爱……

练习 10

婚后重新宣誓

你们致力于在婚姻中构建神奇与美好，现在该庆祝一下了。在本章正文中大家已经了解到婚姻的好处，如果你还没结婚的话，也许现在是时候行动起来了！

婚后，你们有必要对彼此重新宣誓，可以像我们一样举办一个盛大聚会，也可以只有你们两人待在一个有特别意义的地方重温誓言或发出新的誓言。那个有着特别意义的地方可以是你们初次相遇或第一次一起旅行的地方，也可以是你们一直想去却尚未成行的地方，甚至可以是你们自己的家里。

重要的是停下来，对你们共同走过的路给予正式地认可，然后继续携手前行。你们要立足于共同努力的过程中得到的想法，互相再次宣誓。

1. 写出对彼此的承诺，互相分享

(1) 把你今天想对配偶说的誓言写下来。写的时候，不妨回想一下你们为了营造真爱所走过的路。当你们走出浪漫爱情的错觉，且不再有权力斗争，现在的你想要对配偶承诺什么呢？

(2) 你们各自写完之后，要互相分享。你们可以穿着舒适的家居

服坐在床上，在写完时立刻进行分享；也可以稍等一下，在宣誓仪式上当着家人和朋友的面分享（也可以两次都分享）。

2. 计划宣誓仪式，持续付诸行动

(1) 彼此计划一下重新宣誓的方式和营造真爱的旅程。做到这些有很多方式：

a. 举行真真切切的婚后宣誓仪式。

b. 抛开仪式，仅仅举行一个盛大聚会。

c. 周末或抽出一周时间进行第二次浪漫蜜月旅行，在苹果园里或在海滩上分享彼此的誓言。

d. 做有创意而匪夷所思的事情，比如进行特技跳伞或热气球运动。要做一些你们两个都想做但却从未真正做过的事，你们可以租哈雷戴维森摩托车参加公路赛车，到富有异国风情的地方旅行，去大峡谷远足，或宿营一周等。

(2) 将誓言付诸行动，化为激励，继续构建梦想婚姻。

切记：要朝着你希望看见的方向不断改变自己。

【妻子的版本】

我的婚后宣誓

我的名字：________________________

日期：______________　宣誓对象：______________

____

【丈夫的版本】

我的婚后宣誓

我的名字：________________________________

日期：______________ 宣誓对象：______________

亲爱的朋友，你并不孤独。

此刻的你也许正为你的情感现状是否能好转而感到不安，

也许你正准备换工作，或即将进入空巢期。

你不希望和你的伴侣仅仅停留在沟通的表面，

内心深处，你渴望与他进行更深入的沟通。

再或者，你们正处在全面的家庭内战之中……

无论你的婚姻爱情故事属于哪个版本，

你都值得拥有一个幸福美满的结局。